2015
中国森林等自然资源
旅游发展报告

国家林业局

中国林业出版社

图书在版编目（CIP）数据

2015中国森林等自然资源旅游发展报告 / 国家林业局主编.
-- 北京：中国林业出版社，2016.8
ISBN 978-7-5038-8684-3

Ⅰ. ①2… Ⅱ. ①国… Ⅲ. ①森林资源－旅游资源开发－研
究报告－中国－2015②自然资源－旅游资源开发－研究报
告－中国－2015 Ⅳ. ①F592.3

中国版本图书馆CIP数据核字(2016)第206888号

中国林业出版社·生态保护出版中心
责任编辑　刘家玲　肖　静

出　版　中国林业出版社
　　　　　（100009 北京西城区德内大街刘海胡同 7 号）
网　址　www.lycb.forestry.gov.cn
E－mail　wildlife_cfph@163.com
发　行　中国林业出版社
电　话　(010) 83143519　83143577
印　刷　北京中科印刷有限公司
版　次　2016 年 9 月第 1 版
印　次　2016 年 9 月第 1 次
开　本　889mm×1194mm　1/16
印　张　8
字　数　180 千字
定　价　50.00 元

2015

中国森林等自然资源旅游发展报告

编辑委员会

主　　　任	张建龙
副 主 任	张永利
执行副主任	杨　超　刘国强
委　　　员	王洪杰　徐济德　张希武　付　贵　焦德发
	张艳红　杜纪山　杨连清　李天送　文海忠
	罗　斌　严承高　赵中南

编写组

组　　　长	杨连清　赵中南
副 组 长	陈鑫峰　武健伟
成　　　员	巴连柱　崔武社　安丽丹　齐　联　吴建国
	陈嘉文　宋红竹　俞　晖　刘雄鹰　刘永敏
	戴晟懋　王隆富　安思博　韩文兵　李　奎
	孔凡利　王宏伟　张　力　盛　俐　杨　华
	任玫玫　薛秀康　宗　雪　黄　翔　石　田
	魏晓霞　于丽瑶　肖　瑶　胡耀升　赵鹏武
	张　剑　师　君

Preface
前　言

　　建设生态文明赋予了林业新的历史使命，在全面深化林业各项改革的关键时刻，各级林业部门以建设生态文明、促进绿色增长、实现科学发展为主题，以改善生态和民生为主线，掀起了发展现代林业的新高潮。森林旅游作为林业改革发展的重要着力点和林业加强生态文明建设的重要途径，已经发展成为当前林业一项十分重要的朝阳产业、富民产业和绿色产业，在林业重大战略部署中的位置越来越重要。

　　2015年，《中共中央 国务院关于加快推进生态文明建设的意见》、《国务院关于促进旅游业改革发展的若干意见》、《国务院办公厅关于进一步促进旅游投资和消费的若干意见》以及中共中央、国务院印发的《国有林场改革方案》和《国有林区改革指导意见》等文件中都明确提出要大力发展森林旅游。

　　2015年是"十二五"规划的收官之年，全国森林旅游行业全体同志齐心协力，狠抓行业引导和行业监管，着力加强森林旅游保障能力建设，着力开展森林旅游宣传推介和试验示范，切实发挥森林旅游助推精准扶贫作用，大力引导森林体验和森林养生发展，各项工作取得了全面进展。一是森林旅游产业稳步增长。2015年，全国森林旅游游客量达到10.5亿人次，占2015年国内旅游人数的26.25%，森林旅游直接收入1000亿元，创造社会综合产值7800亿元，占2015年国内旅游消费的22.41%。二是森林旅游地规模进一步扩大。2015年，新增国家森林公园39处、国家湿地公园137处、国家生态公园11处、国家沙漠公园22处、国家林木（花卉）公园3处。全国各类森林旅游地近 9000 处。三是森林旅游基础服务设施逐步完善。截至 2015 年年底,各类森林旅游地共有接待床位 170 万张、接待餐位 380 万个,森林旅游管理和服务人员达 24.5 万人,森林旅游导游和解说人员达 3.8 万人。全国森林公园新增旅游车船 779 台(艘)、旅游步道 3616 千米。四是森林旅游行业引导和示范得到加强。2015 年公布了 9 处全国森林旅游示范市和示范县,公布了第六批使用中国国家森林公园专用标志的国家森林公园 49 处,开展了 10 处国家森林公园智慧森林旅游示范建设。五是森林旅游社会影响显著提高。举办了 2015 中国森林旅游节,在中央 7 台播放了 15 集电视纪录片《中国国家森林公园》,举办了 2015"中林杯"国家森林公园风光摄影大赛,等等。

当前,森林旅游的综合效益日益凸显,在促进经济社会发展中的作用日益增强。森林旅游具有自然性、开放性、多样性、科普性等特征,森林旅游业具备就业门槛低、产业链条长、就业容量大、综合效益好等产业优势,在满足国民精神文化生活、促进区域经济增长、传播生态文化等方面拥有巨大潜力。实践证明,森林旅游已经成为满足国民"走进森林、体验自然"的重要途径,成为推动区域经济发展、助推精准扶贫的重要途径,成为传播生态文明理念、普及自然科学知识的重要途径,成为适应林业主体功能转变和林业改革方向、促进林业可持续发展的重要途径。

目前,我国的森林旅游业初步实现了从"观光旅游"向"休闲度假旅游"的过渡。"十三五"期间,如何实现森林旅游提质升级,必须要同时回答两个重大命题:如何满足人民群众对森林旅游新的更高的需求?如何充分发挥森林旅游在供给侧结构性改革中的重要作用?要回答好这两个命题,必须着力加强森林旅游的监督、管理和引导；建立和完善森林旅游行业管理体系，规范和促进森林旅游发展；积极推动森林旅游基础设施建设和森林旅游产品创新，提升森林旅游服务质量；着力开展森林旅游助推精准扶贫，大力推进森林体验和森林养生发展；鼓励和推动智慧旅游和低碳旅游发展；探索建立国家森林步道体系，开展森林旅游文化研究；加强示范和品牌建设，打造一批精品森林旅游地、特色森林旅游线路、特色森林旅游产品以及森林旅游示范县、示范村等；加大森林旅游整体包装和公益宣传力度，加强标准体系建设和人才培养，扩大横向联合和对外合作，积极提高森林旅游行业凝聚力和社会影响力。

　　森林旅游发展并非一蹴而就，它需要多方的共同努力，更需要准确掌握森林旅游发展规律、创新森林旅游发展模式。随着森林旅游对促进经济增长、推动社会进步和建设生态文明贡献的日益显著，我们相信，我国森林旅游发展必将迎来更加灿烂、辉煌的明天。

2016 年 8 月

Contents
目 录

Abstract 摘　要

森林旅游是绿色产业、朝阳产业、富民产业，2015 年，按照国家林业局党组的统一部署，各级森林旅游相关单位奋发努力、开拓进取，狠抓行业引导和行业监管，着力解决行业发展瓶颈，主要在制度化建设、标准化建设、行业引导和示范、资源保护与利用、公益宣传推介、对外交流与合作等方面开展一系列行之有效的工作，促进森林旅游可持续发展。

（一）完善森林旅游组织机构，加强森林旅游工作部署

2015 年 1 月，国家林业局印发《2015 年森林公园和森林旅游管理工作要点》。12 月，全国森林公园和森林旅游工作座谈会召开，会议总结了 2015 年的工作成绩和问题，并为 2016 年的发展指明方向。福建、江西、河南、湖北、广东、重庆、宁夏等省（自治区、直辖市）召开本省（自治区、直辖市）与森林旅游相关的部署和总结会议，明确工作目标、工作重点。同时，森林旅游组织机构进一步完善，与森林公园、湿地、自然保护区、沙漠等相关的组织机构相继成立。

（二）森林旅游法制化、标准化建设取得新进展

2015 年，国家林业局印发了《国家级森林公园总体规划审批管理办法》、《国家级森林公园负责人交流挂职管理办法（试行）》，向国务院上报了《湿地保护条例(送审稿)》。河北、辽宁、黑龙江、浙江、安徽、福建、河南、广西、重庆、贵州、云南11 个省（自治区、直辖市）编制、修订或出台了一系列与森林、湿地相关的地方性法规规章。北京、河北、山西、浙江、河南、广东、四川、云南、青海等省（直辖市）推出了一系列森林旅游相关标准，使森林旅游步入规范化、标准化、科学化的轨道，对森林旅游发展起到导向作用。

（三）加强森林旅游规划，出台森林旅游指导性政策

2015 年，各级森林旅游相关单位进一步完善了森林旅游行业的规划，国家林业局印发了《全国城郊森林公园发展规划（2016–2025 年）》，初步编制完成《全国湿地保护"十三五"实施规划》，审议通过了《国家沙漠公园发展规划（2016–2025 年）》、《全国热带雨林保护规划（2016–2020 年）》，批复42 个国家森林公园总体规划。河北、辽宁、黑龙江、江苏、江西、山东、湖北、重庆、云南、陕西等省（直辖市）编制、审议或印发与森林旅游相关的规划，梳理森林旅游发展思路和对策。

2015 年，浙江、山东两省实施了一系列与森林休闲养生相关的指导性政策，促进了两省森林旅游的发展；国家林业局起草了《国家关于湿地全面保护的指导意见（征求意见稿）》，山东、广东两省出台湿地保护的指导性政策，在两省湿地保护方面提出了实质性的建议。

（四）森林旅游投资力度加大，景区数量、规模逐步增长

2015 年，全国森林公园共投入建设资金 416.90 亿元，其中全国森林公园共投入环境建设资金 51.68 亿元。新增国家级森林公园 39 处、国家湿地公园 137 处、林业系统国家级自然保护区 23 处、国家沙漠公园 22 处、国家生态公园 11 处。截至2015 年年底，全国共建立森林公园 3234 处，规划面积 1801.71万公顷；湿地公园 1263 处，规划面积 357.80 万公顷；国家沙漠公园 55 处，规划面积 29.73 万公顷；国家生态公园 14 处。此外，植物园、野生动物园、林木（花卉）公园等其他森林旅游景区目的地逐渐增加，新增 3 个国家林木（花卉）公园，我国首个大型野生动物类型国家公园、西北首个世界级野生动物标本展厅等相继亮相。全国森林公园共有旅游车船 35519 台（艘），比2014 年增长 2.24%；共拥有旅游步道 81744.63 千米，比 2014

年增长 4.63%。各类森林旅游地共有接待床位 170 万张，接待餐位总数 380 万个。

（五）森林旅游的生态文明建设发展良好

2015 年，各级林业部门加强森林旅游的生态文明建设，主要从生态文明示范地建设、自然教育、生态文化挖掘三个方面加强森林旅游生态文明建设，推出了第二批生态文明先行示范建设地区、国家级生态保护与建设示范区、第二批全国中小学环境教育社会实践基地等一大批教育功能突出、示范作用明显的优秀单位。广东珠海湿地自然教育学校的成立、四川自然生态体验教育与生态旅游发展论坛的举办、陕西省中小学生森林体验活动的开展等在森林旅游地进行的社会实践活动，提升了全社会的生态环境意识，使生态文化深入人心，全面提升森林旅游生态服务功能。

（六）森林旅游示范建设

2015 年，国家林业局在全国 5 个省的 10 处国家级森林公园开展了智慧森林旅游示范建设，首批命名了 9 个森林旅游示范县（市）；中国林业产业联合会评审确定 30 家单位作为首批中国森林医学康养基地建设试点。同时，各地积极开展各类示范试点建设，浙江省森林休闲养生建设在县域试点工作正式启动；四川省首次确定 10 处森林康养试点示范基地；广西通过现代特色林业（核心）示范区建设促进森林公园旅游配套设施的完善，带动森林旅游快速发展。

（七）森林等自然资源的保护力度加强

2015 年，全国各级林业部门进一步加强森林等自然资源的保护力度。在森林公园的保护方面，进一步规范森林公园行政许可事项办理、强化征收森林公园林地的审查管理、加大森林公园林相改造和植树造林力度、加强森林公园监督检查等。国家林业局共办理 59 处国家森林公园行政许可事项；审理建设项目占用征收国家森林公园78件，同时，各省（自治区、直辖市）严格审查征占森林公园林地的项目；全国森林公园共植树造林8.00万公顷，林相改造18.34万公顷；北京、山西、内蒙古、浙江、安徽、江西、山东、河南、广东、重庆、贵州、云南、甘肃等省（自治区、直辖市）分别开展森林公园的监督检查工作。此外，全国各级林业部门也对湿地、自然保护区、生物多样性的保护采取相应措施，森林等自然资源得到有效保护。

（八）森林旅游产业健康稳步发展，社会经济效益明显提高

2015年，全国森林旅游直接收入1000亿元，比2014年增长21.21%；创造社会综合产值7800亿元，比2014年增长20.00%，约占2015年国内旅游消费（34800亿元）的22.41%。其中，森林公园旅游收入705.60亿元，比2014年增长23.33%；全国湿地公园旅游收入52.98亿元，比2014年增长15.40%。全国森林公园、湿地公园等全年接待游客约10.5亿人次，约占国内旅游人数（40亿人次）的26.25%，同比增长15.38%。其中，森林公园全年接待游客约7.95亿人次，比2014年增长11.97%；全国湿地公园全年接待游客约1.18亿人次，比2014年增长7.27%；其他游客数量达1.37亿人次。森林旅游管理和服务的人员数量达24.5万人，其中导游和解说员近3.8万人。森林旅游的发展有力地促进了区域经济的发展。

（九）稳步开展人才培训，提高森林旅游服务质量

2015年，相关部门举办形式多样的培训班，加强森林旅游相关人员的专业知识及实践能力，为森林旅游的健康稳定、高质量发展奠定人才培训基础。国家林业局举办了国家级森林公园管理高级研修班、森林公园建设管理研讨班、国家级森林公园生态文化建设研讨班、首届国家级森林公园解说员培训班、2015国家级森林公园主任培训班、森林旅游信息管理培训班、国际重要湿地管理培训班、京津冀湿地生态系统评价培训会、

长江湿地保护网络年会暨湿地保护恢复培训班、黄河湿地保护网络年会暨黄河湿地保护培训班、全国野生植物保护管理培训班、生物多样性保护培训班等。河北、山西、内蒙古、黑龙江、浙江、安徽、江西、山东、河南、湖北、湖南、广东、广西、海南、四川、云南、陕西、青海18个省（自治区）举办了与森林旅游行业相关的培训班，提高了森林旅游从业人员的整体素质。

（十）做好森林旅游宣传工作，扩大森林旅游市场影响力

2015年，全国各级林业部门利用多种渠道、多种方式加大对森林旅游的公益宣传推介力度，扩大了森林旅游的市场影响力。2015年10月成功举办了"2015中国森林旅游节"；开展了2015"中林杯"国家森林公园风光摄影大赛；举办了"寻找中国森林氧吧"、"国家森林城市"等系列推选活动；开展了首届生态文明主题微电影展示交流活动；利用报纸、网站、微信平台等多种媒体资源解读森林旅游，报道森林旅游发展动态，森林旅游国内外影响力进一步扩大。

（十一）国（境）内外交流进一步加强

2015年，我国主要在森林旅游、湿地保护、野生动植物保护、生物多样性保护等方面对外进行交流，此外，第二届全国自然教育论坛、中韩林业工作组第十次会议、森林疗养国际理念推广会议等进一步延伸森林旅游的含义，将森林旅游的自然教育、疗养功能推向世界的舞台。我国积极汲取国外森林旅游业的发展理念和成功经验，促进森林旅游发展。

第一章

组织管理与工作部署

- ■ 组织机构
- ■ 工作部署

第一章　组织管理与工作部署

森林旅游是推进生态文明建设的有效途径之一，而且在促进旅游投资和消费中发挥着关键性的作用。2015 年，森林公园、湿地公园、荒漠公园等方面的相关组织机构逐步完善，各级森林旅游相关单位进一步加强对森林旅游的工作总结与工作部署，明确了 2015 年及今后一个时期森林旅游的指导思想、总体目标与主要任务，为我国森林旅游业的健康长久发展指明了方向。

一、组织机构

2015 年，各级森林旅游相关组织机构逐步完善，进一步促进了森林旅游的发展。森林公园方面，国家林业局同意依托福建农林大学组建森林公园工程技术研究中心；河北省林业产业协会森林旅游分会、广东省森林公园协会和第二届云南省国家公园专家委员会成立，广东省筹备成立森林公园质量等级评定委员会。湿地保护方面，湿地保护协会与湿地保护网络不断完善，4 月，中国湿地保护协会在北京成立；6 月，中国沿海湿地保护网络成立，这是继长江、黄河流域湿地保护网络之后，我国创建的第三个湿地保护网络，至此我国初步建立了基于流域和区域层次的湿地保护网络。此外，河北保定湿地保护协会、安徽阜阳湿地保护协会、云南省湿地保护专家委员会成立，为各地区湿地保护发挥科学咨询作用。自然保护区方面，生态摄影师野生动物保护联盟、吉林省林业自然保护区发展促进中心相继成立。沙漠公园方面，国家沙漠公园专业委员会成立，它是中国治沙暨沙业学会近年来成立的第四个分支机构（2013 年 8 月，中国治沙暨沙业学会沙棘专业委员会成立；2013 年 2 月，中国治沙暨沙业学会石漠化防治专业委员会成立；2015 年 10 月，中国治沙暨沙业学会戈壁治理专业委员会成立），标志着中国国家沙漠公园建设进入了更加科学规范建设的新时期。

二、工作部署

国家林业局于 2015 年初印发《2015 年森林公园和森林旅游管理工作要点》，并于年末召开全国森林公园和森林旅游工作座谈会，明确了 2015 年度及今后一个时期国家森林旅游的发展目标、任务和存在的问题等。同时，福建、江西、河南、湖北、广东、重庆、宁夏等省（自治区、直辖市）召开森林旅游相关会议，安排部署本省（自治区、直辖市）森林旅游工作，为森林旅游发展指明方向。

（一）国家层面

1. 森林公园和森林旅游管理工作要点

为确保森林公园和森林旅游工作任务如期完成，国家林业局于1月印发《2015年森林公园和森林旅游管理工作要点》，要求各省（自治区、直辖市）进一步完善本省（自治区、直辖市）森林公园和森林旅游工作计划、主要目标和主要任务，切实抓好组织实施，力争高质量完成各项目标任务，齐心协力完成好"十二五"森林公园和森林旅游发展工作。

专栏1　2015年森林公园和森林旅游管理工作要点

1. 强化国家级森林公园总体规划的编制与审批

结合2014年摸底调查情况，对长期未编制总体规划的国家级森林公园逐一印发整改通知，限期完成总体规划的编制上报。总体规划完成编制上报前不予办理建设项目占用林地审查意见，限期内未完成的按程序撤销该国家级森林公园。各省要切实做好国家级森林公园总体规划编制的督查督办，同时认真做好总体规划的评审、审核与上报，确保上报材料的规范、完整和总体规划质量的不断提高。

2. 开展国家级森林公园实地监督检查

国家林业局相关司局组成若干小组对国家级森林公园进行实地监督检查，重点检查总体规划、管理机构、建设发展、资源保护、占用林地等方面情况。对发现的违法违规问题采取坚决措施责令整改，对拒不整改的国家级森林公园按程序予以撤销。各省要按计划、有步骤开展对本省森林公园特别是国家级森林公园的监督检查，积极主动为国家林业局提供实地监督检查线索，扎实有效做好整改的协助督办。

3. 有序推进国家林木（花卉）公园和国家生态公园试点的建设

尽快研究制定国家生态公园、国家林木（花卉）公园的申报、管理办法。积极拓宽和完善森林公园建设体系，支持各省将单项植物（含花卉）资源价值突出的区域申报建设国家林木（花卉）公园，将林业生态建设成效突出的区域申报建设国家生态公园试点。

4. 组织举办好2015年中国森林旅游节

中国森林旅游节是国家林业局经批准保留主办的两项节庆活动之一，要抓紧做好2015年中国森林旅游节的主会场城市申报筛选、活动方案制订以及组织实施工作。通过举办森林旅游主题活动、开展森林旅游专项宣传、推介森林旅游精品线路等多种形式，扩大森林旅游的社会影响。

5.积极推进森林公园、森林旅游示范工作

制定全国示范国家级森林公园申报办法，推出一批全国示范国家级森林公园，实现示范引领。依托中国林业产业联合会森林旅游分会、中国林学会森林公园分会等行业社团组织，开展"全国森林旅游示范县"、"全国森林旅游示范村"的创建命名工作；着力推进森林体验、森林养生产品的发展，制定标准，举办论坛，逐步命名一批"全国森林体验基地"和"全国森林养生基地"。各省要遴选和储备一批优秀典型，认真做好推荐工作。

6.继续做好国家级森林公园审批审查工作

依照严格保护管理和方便申请人的原则，进一步明确国家级森林公园行政审批、国家级森林公园总体规划审批和建设项目占用国家级森林公园林地审查的要求，规范、认真做好审批审查工作。各省要强化行政责任意识，切实履行审查职责，确保审查报送的材料完整、合格。2015年，对国家级森林公园设立审批的审查为2次，上半年5月底前受理申报材料，下半年8月底前受理申报材料。

7.继续开展森林公园和森林旅游管理人员培训

扎实做好国家级森林公园管理高级研修班、国家级森林公园主任培训班、森林公园建设管理研讨班、国家级森林公园解说员培训班、中国森林旅游信息管理培训班等的组织举办，创新培训形式，丰富培训内容，务求培训取得更大实效。各省要积极开展形式多样的人员培训，传授专业知识，提高从业人员素质。

8.加强对外合作与信息交流

组织开展赴中国台湾和美国等地的森林公园，进行森林旅游学习交流，加强与世界自然保护联盟（IUCN）合作，争取参与建立亚洲保护地联盟。建立好国家级森林公园管理数据库，实现国家级森林公园的动态管理。充分利用中国森林公园网和中国森林旅游网，及时发布国家政策要求，全面传达各地发展动态，促进相互交流借鉴，推动森林公园和森林旅游工作迈上新的台阶。

9.强化立法

积极推进《森林公园条例》出台工作。各省要组织力量，有效推进本省（自治区、直辖市）森林公园管理条例的制订工作。在《中华人民共和国森林法》修改过程中，要积极提出关于森林公园和森林旅游的意见与建议，为森林公园和森林旅游的发展奠定良好的法制基础。

2．全国森林公园和森林旅游工作座谈会

全国森林公园和森林旅游工作座谈会暨国家森林公园主任培训班于12月在江苏游子山国家森林公园举行。会议认真总结了"十二五"期间我国森林公园和森林旅游取得的成绩和突破、存在的问题，并认真分析当前形势，明确发展思路，准确把握加快森林公园建设与森林旅游发展的总体要求，初步确立了"十三五"发展思路及2016年工作重点。

（二）省级层面

表1-1列出了2015年部分省（自治区、直辖市）召开的森林旅游相关会议。

表1-1　2015年部分省（自治区、直辖市）召开的森林旅游相关会议

序号	单位	时间	会议名称
1	福建	9月	福建国家级森林公园建设管理工作座谈会
2	江西	7月	江西森林旅游建设与发展研讨会
3	河南	12月	河南国家级森林公园主任会议
4	湖北	2月	湖北森林旅游产业发展座谈会
5	广东	12月	广东森林公园工作会议
6	重庆	2月	重庆国家湿地公园建设座谈会
7	宁夏	10月	宁夏市民休闲森林公园现场观摩交流会

1．福建国家级森林公园建设管理工作座谈会

福建省国有林场管理局于9月召开福建省内国家级森林公园建设管理工作座谈会。与会各森林公园负责人就机构设置、经营管理、投资建设、总体规划编制等方面的工作情况、存在问题以及管理滞后的原因进行了汇报交流。会议要求：(1) 加强管理机构建设，合理开发利用资源；(2) 尽快完成总体规划的编制（修编）；(3) 完善标识标牌、解说系统等建设；(4) 加强与旅游等有关部门的协作，积极开展A级景区创建;(5) 加强信息交流与沟通;(6) 加强指导，加大宣传力度，扩大招商引资。会议倡导各部门共同促进福建省森林公园建设与发展。

2．江西森林旅游建设与发展研讨会

为进一步贯彻落实江西省委、省政府《江西省关于推进旅游强省建设的意见》和《江西省关于建设生态文明先行示范区的实施意见》，分析新常态下森林旅游发展和森林公园建设存在的瓶颈问题，研究探讨发展对策和发展模式，江西省森林公园管理办公室于7月组织召开森林旅游建设与发展研讨会。与会森林公园负责人总结汇报了近年来森林旅游发展和森林公园建设情况，同时对存在的突出问题进行了交流。针对江西省森林旅游和森林公园建设发展现状，形成如下建议：(1)解放思想，纠正旅游管理上的错误，招贤纳谏引进旅游管理人才；(2) 借鉴景区

成熟经验做法，突出自身特色，重点打造小而精的个性化旅游；（3）充分利用森林资源优势，构建森林旅游发展体系，集中力量推进森林旅游开发建设。

3. 河南国家级森林公园主任会议

河南省林业厅于12月在郑州举办国家森林公园主任会议，会议传达了《国家级森林公园管理办法》、《国家级森林公园总体规划规范》等相关文件，并对河南省国家级森林公园今后的建设发展进行了安排部署。河南省内国家级森林公园负责人就河南省国家级森林公园的发展现状及存在问题进行了讨论交流。

4. 湖北森林旅游产业发展座谈会

湖北省森林旅游产业发展座谈会于2月在太子山国家森林公园召开。会议全面回顾了2014年湖北省森林旅游发展情况，提出了2015年湖北省森林旅游发展思路和工作方向。会议强调要从六个方面抓好森林旅游产业发展工作：（1）准确把握森林生态旅游新常态；（2）奋力打造森林生态旅游新天地；（3）着力创新森林生态旅游新理念；（4）搭建森林生态旅游新平台；（5）创新森林生态旅游活动；（6）创新森林生态旅游举措。

5. 广东森林公园工作会议

为认真贯彻落实全国森林公园工作座谈会暨国家森林公园主任培训班会议精神，全面推进森林公园建设与森林旅游业又快又好发展，广东省林业厅于12月在广州召开森林公园工作会议。会议总结和回顾了"十二五"期间广东省森林公园与森林旅游工作取得的经验和成绩，研究分析了目前面临的新形势和存在的主要问题，明确了"十三五"工作的总体思路和总体目标，并结合实际提出推进森林公园建设和森林旅游发展的具体措施，全面部署2016年森林公园和森林旅游工作。

6. 重庆国家湿地公园建设座谈会

为加快推进国家湿地公园建设，重庆市林业局于2月召开重庆市国家湿地公园建设座谈会。会议分析指出，重庆湿地公园存在建设多头管理、地方政府不重视、管理机构及制度建设不完善、科研监测能力薄弱、资金投入不足等问题。会议要求各地林业部门：（1）迅速向区（县）政府领导汇报，引起高度重视；（2）摸清存在的问题和不足；（3）努力弥补、迎头赶上，上下齐心合力做好湿地公园的建设工作。

7. 宁夏市民休闲森林公园现场观摩交流会

宁夏回族自治区林业厅于10月组织召开市民休闲森林公园现场观摩交流会。会议指出宁夏回族自治区市民休闲森林公园建设工作正在有序推进，各个市民休闲森林公园建设取得了优异的成绩，但也存在一些问题。会议要求宁夏回族自治区各市、县（市、区）提高思想认识，切实增强建设市民休闲森林公园的积极性和主动性；多方争取投入，圆满完成市民休闲森林公园建设任务；加快建设进度，提升市民休闲森林公园建设质量。

第二章

政策与法制建设

- 国家级法规与规章
- 地方性法规与规章
- 指导性政策

第二章　政策与法制建设

2015 年，国家林业局进一步加强森林旅游行业的政策与法制化建设，森林旅游的法制化建设步入了新的台阶。国家林业局印发了《国家级森林公园总体规划审批管理办法》和《国家级森林公园负责人交流挂职管理办法（试行）》，进一步推动了全国层面《湿地保护条例》立法进程，并起草《国家关于湿地全面保护的指导意见（征求意见稿）》。各省（自治区、直辖市）陆续推出一系列有效推进本省（自治区、直辖市）森林旅游的法规规章和指导性政策文件。

一、国家级法规与规章

（一）印发《国家级森林公园总体规划审批管理办法》

为认真贯彻落实国家禁止开发区域的有关要求，推进规划管理规范化、制度化，进一步加强国家级森林公园总体规划审批管理，充分发挥总体规划指导国家级森林公园科学发展的重要作用，依据《国家级森林公园管理办法》的规定，国家林业局制定《国家级森林公园总体规划审批管理办法》（以下简称《办法》），并于 5 月印发。《办法》对国家级森林公园规划流程做了相关规定，共有总则、规划上报、规划审批、规划实施监督、附则 5 章 20 条内容，自 2015 年 6 月 1 日起施行，有效期到 2020 年 12 月 31 日。

为不断提高政府管理科学化、规范化，国家林业局下发了《国家级森林公园总体规划行政许可审批指南》，起草了《国家生态公园申报标准和程序》、《国家生态公园总体规划大纲》及《国家林业专类公园申报标准和程序》，进一步规范了森林公园、生态公园申报和审批工作事项。

专栏2　《国家级森林公园总体规划审批管理办法》

第一章　总　则

第一条　为了加强国家级森林公园总体规划审批管理工作，推进规划管理的规范化、制度化，充分发挥总体规划指导国家级森林公园科学发展的重要作用，依据国务院行政审批制度改革有关要求和《国家级森林公园管理办法》等相关规定，制定本办法。

第二条　国家级森林公园总体规划的申报、审批，适用本办法。

第三条　国家林业局发展规划与资金管理司（以下简称"计财司"）

会同国家林业局国有林场和林木种苗工作总站（以下简称"场圃总站"）负责总体规划的审核、批复和实施监督工作。

第四条 国家级森林公园管理机构按照《国家级森林公园管理办法》的有关规定组织编制总体规划。规划技术深度必须达到《国家级森林公园总体规划规范》（LY/T2005—2012）的要求。规划期一般为10年。

第五条 规划编制内容应当包括基本情况、生态环境及森林风景资源、森林公园发展条件分析、总则、总体布局与发展战略、容量估算及客源市场分析与预测、专项规划、环境影响评价、投资估算、效益评估、保障措施等20个部分，具体见所附编写要求。

第二章 规划上报

第六条 总体规划编制或者修编完成后，由省级林业主管部门组织评审和审查。总体规划应当符合《全国主体功能区规划》中禁止开发区域的有关要求，并与当地经济社会发展规划、国土规划、城乡规划、交通规划、林地保护利用规划等充分衔接。同时，要广泛征求所在地发展改革、财政、国土资源、环境保护、规划、交通、旅游等部门及利益相关者意见。

第七条 总体规划由省级林业主管部门行文上报国家林业局。上报的材料包括：

（一）省级林业主管部门的上报文件；

（二）国家林业局批准设立国家级森林公园的批复文件；

（三）总体规划文本及相关图件纸质版4份，电子版1份；

（四）评审意见；

（五）总体规划征求意见情况说明。

第八条 计财司负责上报材料的登记，材料不齐全的不予登记，并于3个工作日内一次性告知补齐完善材料。自登记之日起，启动规划审批程序。

第三章 规划审批

第九条 总体规划登记受理后，由计财司在2个工作日内将上报材料转送场圃总站，并与场圃总站共同进行专业审核和业务审核。

第十条 专业审核。计财司和场圃总站联合建立"国家级森林公园总体规划审核专家库"，具体运行管理由场圃总站承担。场圃总站收到上报材料后，从国家级森林公园总体规划审核专家库抽取相关专家，在5个工作日内将总体规划送达专家。审核专家于10个工作日内将专业审核意见提交场圃总站。

第十一条 业务审核。计财司和场圃总站在收到上报材料后，于10个工作日内分别提出业务审核意见。

　　场圃总站对专业审核和业务审核意见进行汇总分析，于5个工作日内形成总体规划的最终审核意见。必要时由场圃总站会同计财司召开总体规划审查会或者组织进行实地审核，于10个工作日内完成。

　　第十二条　对审核提出修改意见的总体规划，由场圃总站将总体规划修改意见通知单下达省级林业主管部门。省级林业主管部门在收到修改意见通知单后，于20个工作日内将修改后的总体规划文本和相关材料报送场圃总站，场圃总站审核后提交计财司。需要复审的按上述程序办理。

　　第十三条　对审核通过的总体规划，计财司在收到场圃总站最终审核意见后，于15个工作日内办理批复文件。

　　第十四条　批复文件下达后，由场圃总站负责在中国森林公园网和中国林业网对所批复的总体规划进行公告，并建立档案予以保存。

第四章　规划实施监督

　　第十五条　总体规划批复后，国家级森林公园管理机构要严格按照批复的总体规划开展建设活动，严格控制开发强度，加强对森林、湿地和野生动植物资源的保护。批准后的总体规划需要进行修订的，应由省级林业主管部门将修订后的总体规划报原审批机关批准。

　　第十六条　总体规划中的工程建设项目，要严格按照有关基本建设程序另行履行报批手续。

　　第十七条　计财司会同场圃总站，或者委托第三方机构，对总体规划实施情况进行监督，组织开展总体规划中期、终期评估，提出修编或者新编意见。

　　对于不按照总体规划进行开发和建设的国家级森林公园，责令进行限期整改。整改后仍不符合总体规划要求的，主管部门将依法处理。

第五章　附　则

　　第十八条　总体规划编制单位要加强管理，确保总体规划质量。未经上述程序批准的总体规划，不能作为林业审批项目和资金安排的依据。

　　第十九条　本办法由国家林业局负责解释。

　　第二十条　本办法自2015年6月1日起施行，有效期到2020年12月31日。凡与本办法不符的，按照本办法执行。

（二）印发《国家级森林公园负责人交流挂职管理办法（试行）》

　　为促进国家级森林公园相互学习交流、提升国家级森林公园负责人理论实践水平、强化国家级森林公园能力建设，国家林业局委托中国林学会森林公园分会开展国家级森林公园负责人交流挂职工作。为推动国家级森林公园负责人交流挂职有序开展并取得实效，国家林业局制定《国家级森林公园负责人交流挂职管理办法(试行)》(以下简称《办法(试行)》)，并于 4 月印发。《办法(试行)》共 10 条，主要在挂职人员基本条件、挂职地点基本条件、办理程序、挂职期限、挂职人员及地方承担的责任与义务、奖赏等方面做了规定。《办法（试行）》推动了国家级森林公园负责人交流挂职有序开展并取得实效。2015 年国家级森林公园负责人挂职交流基地有 12 个，选派人员有 11 人。

（三）上报《湿地保护条例（送审稿）》

我国部分地区的湿地存在着不合理开发、面积减少、功能退化、污染严重、利用过度、生物多样性减少等问题，湿地保护举步维艰，湿地保护法律体制建设工作需要加强。2015 年，国家林业局已向国务院上报了《湿地保护条例(送审稿)》。

二、地方性法规与规章

2015 年，河北、辽宁、黑龙江、浙江、安徽、福建、河南、广西、重庆、贵州、云南 11 个省（自治区、直辖市）编制、修订或出台了一系列与森林、湿地相关的保护管理条例，详见表 2-1。同时，辽宁、甘肃两省的部分市、县出台了古树保护的相关办法。

表2-1　部分省（自治区、直辖市）森林、湿地相关的保护管理条例

序号	类别	法规法律
1	森林公园	《河北省森林公园管理办法》
2		《辽宁省森林公园管理条例（初稿）》
3		《浙江省森林公园管理条例（草案）》
4		《福建省森林公园管理办法》
5		《重庆市森林人家申报管理办法》
6		《湖南省森林公园管理条例》
7		《云南省国家公园管理条例（草案）》
8	湿地	《黑龙江省湿地保护条例》
9		《安徽省湿地保护条例》
10		《福建省湿地保护条例（草案）》
11		《河南省湿地保护条例》
12		《广西壮族自治区湿地保护条例》
13		《贵州省湿地保护条例》
14		《云南省国家湿地公园试点建设进展评估办法》

（一）森林公园

1. 起草《河北省森林公园管理办法》

河北省为加强森林公园管理，合理利用森林风景资源，发展森林旅游，起草了《河北省森林公园管理办法》。

2. 上报《辽宁省森林公园管理条例（初稿）》

为保护、培育和合理利用森林资源，发挥森林的生态效益、经济效益、社会效益，加快林业的发展，辽宁省林业厅密切配合省人大、省政府法制办做好《辽宁省森林公园管理条例》立法前期工作，9月初将《辽宁省森林公园管理条例》初稿上报省政府法制办。

3. 完成《浙江省森林公园管理条例（草案）》

为保护和合理利用森林风景资源，优化生态环境，规范森林公园的管理，发展森林旅游，根据《中华人民共和国森林法》和有关法律法规，结合浙江省实际，浙江省完成《浙江省森林公园管理条例》。

4. 出台《福建省森林公园管理办法》

为了培育、保护和合理利用森林资源，规范森林公园建设和管理，促进生态文明建设，根据有关法律、法规，结合福建省实际，福建省制定了《福建省森林公园管理办法》（以下简称《办法》），于2015年7月1日起施行。《办法》包括总则、规划建设与认定、保护管理与利用、法律责任、附则5章51条，具有5个特点：(1)森林公园公益性质定位明确；(2)简政放权、注重实效；(3)重视保护、多措并举；(4)规范经营、合理利用；(5)强化追责、威慑力强。该《办法》的出台规范了福建省森林公园的建设管理工作。

5. 印发《重庆市森林人家申报管理办法》

为规范重庆市森林人家申报管理，提高森林人家服务质量，促进森林人家健康可持续发展，根据国家林业局、国家旅游局《关于加快发展森林旅游的意见》（林场发〔2011〕249号），中共重庆市委、重庆市人民政府《关于加快推进生态文明建设的意见》（渝委发〔2014〕19号），重庆市林业局制定了《重庆市森林人家申报管理办法》（以下简称《办法》），并于8月印发了《办法》。《办法》共12条，简要介绍了森林人家定义、申报条件、申报程序、监督管理等方面内容，对重庆市森林人家的发展具有重要意义。

6. 修改《湖南省森林公园管理条例》

2015年，湖南省启动修改《湖南省森林公园管理条例》（以下简称《条例》）的各项准备工作，省林业厅专门到各市州进行省内立法调研，为《条例》修改打下基础。

7. 审议《云南省国家公园管理条例（草案）》

为了规范国家公园管理，保护、利用自然资源和人文资源，推进生态文明建设，根据有关法律、行政法规，结合云南省实际，云南省制定了《云南省国家公园管理条例（草案）》（以下简称《条例（草案）》）。《条例（草案）》于8月提交到云南省十二届人大常委会首次审议，于 11 月进行二次审议。《条例（草案）》旨在妥善解决国家公园资源保护与利用中的问题，为我国国家公园体制的建立先行先试，为国家层面的相关立法探索经验。此外，云南省于 9 月编制印发《云南省森林公园管理政策法规汇编》。

（二）湿地

1．出台《黑龙江省湿地保护条例》

黑龙江省十二届人大常委会第二十二次会议于 10 月通过《黑龙江省湿地保护条例》（以下简称《条例》），于 2016 年 1 月 1 日起施行。《条例》共 5 章 55 条，主要包括建立健全湿地保护制度、采取全面严格的保护措施、规范湿地利用内容、强化监督管理等内容，对全省湿地资源加强保护、规范利用、强化管理具有重要意义。

2．出台《安徽省湿地保护条例》

《安徽省湿地保护条例》（以下简称《条例》）于 10 月经省十二届人大常委会第二十四次会议通过，于 2016 年 1 月 1 日起施行。《条例》共 6 章 42 条，对湿地的规划、保护、利用等做了一系列规定，这是安徽省在湿地保护方面的第一部法规，标志着安徽省湿地保护管理工作正式迈入法治化、规范化轨道。

3．审议《福建省湿地保护条例（草案）》

福建省十二届人大常委会第十七次会议于 9 月审议《福建省湿地保护条例（草案）》（以下简称《条例（草案）》）。《条例（草案）》对湿地的规划管理、保护方式、保护措施以及监督管理等方面做出具体规定，有效推动了全省湿地的保护工作。

4．出台《河南省湿地保护条例》

为加强湿地保护，维护湿地生态功能，改善生态环境，促进经济社会可持续发展，河南省根据有关法律、法规，结合河南省实际，制定了《河南省湿地保护条例》（以下简称《条例》）。河南省十二届人大常委会第十五次会议于 7 月表决通过《条例》，《条例》于 10 月开始实施，标志着河南省湿地资源保护实现了有法可依。《条例》明确规定湿地保护应当遵循生态优先、全面保护、合理利用、可持续发展的原则，对湿地的保护规划、保护措施、监督管理等做了详细规定。

5．出台《广西壮族自治区湿地保护条例》

《广西壮族自治区湿地保护条例》（以下简称《条例》）于 1 月正式颁布实施，广西成为全国第二十二个以地方法规保护湿地的省份。《条例》根据广西的实际，设计了特色鲜明的湿地保护基本制度，确立了县级以上政府根据湿地保护需要建立湿地生态补偿制度、湿地保护实行综合协调与分部门实施的管理体制、湿地分级管理制度、湿地保护体系制度、湿地保护法律责任制度等。

6．出台《贵州省湿地保护条例》

《贵州省湿地保护条例》（以下简称《条例》）于 11 月通过贵州省省人大审议，于 2016 年 1 月 1 日起施行。《条例》对湿地的规划和认定、保护和利用、监督和管理等进行了规范，对提升贵州省湿地保护和合理利用的法制化水平具有重要意义。

7. 编制《云南省国家湿地公园试点建设进展评估办法》

为规范推进云南省国家湿地公园试点建设，妥善处理好湿地保护和资源合理利用的关系，云南省林业厅于3月组织编制了《云南省国家湿地公园试点建设进展评估办法》（以下简称《评估办法》）。《评估办法》对评估内容进行了细化，同时要求每个试点建设的国家湿地公园保护管理机构结合五年试点建设需要完成的任务，制订管理计划，并每年组织开展一次自评工作。《评估办法》旨在进一步推进云南省国家湿地公园试点建设，提升国家湿地公园试点的建设和管理水平，对打造特色鲜明、亮点突出的湿地保护与合理利用示范点具有重要的指导意义。

（三）其他

古树名木保护办法 1月，辽宁省凤城市出台辽宁省首个县级《古树名木保护管理办法》，甘肃省出台《庆阳市古树名木保护办法》、《陇南市武都区古树名木保护办法》，为保护当地古树名木资源提供了法律依据。

三、指导性政策

（一）国家层面

《国家关于湿地全面保护的指导意见（征求意见稿）》 我国国家层面的《湿地保护条例》尚未出台，针对我国湿地资源面临的形势，2015年，国家林业局起草了《国家关于湿地全面保护的指导意见（征求意见稿）》（以下简称《指导意见》）。《指导意见》旨在全面保护我国现有的湿地资源，对我国湿地的保护与利用具有重要的意义。

（二）省级层面

2015年，云南省起草了《云南省林业厅、云南省旅游发展委关于加快云南省森林旅游发展的意见》；浙江、山东两省实施了一系列与森林休闲养生相关的指导性政策，促进了两省森林旅游的发展；此外，山东、广东两省出台了湿地保护的指导性政策，详见表2-2。

表2-2 部分省出台的关于加强森林旅游的指导性政策

序号	类别	单位	文件名称
1	森林旅游	云南省	《云南省林业厅、云南省旅游发展委关于加快云南省森林旅游发展的意见》
2	湿地保护	山东省	《关于进一步加强湿地保护管理工作的意见》
3		广东省	《关于大力构建湿地生态保护体系加快珠江三角洲地区绿色生态水网建设的意见》
4	森林休闲	浙江省	《浙江森林休闲养生区建设指导意见》、《浙江森林古道修复规范指导意见》、《浙江森林家园建设指导意见》
5			《关于推进森林特色小镇和森林人家建设的指导意见》
6		山东省	即墨市《关于加强百亩森林休闲健身公园的工作意见》

1．森林旅游

云南省《云南省林业厅、云南省旅游发展委关于加快云南省森林旅游发展的意见》 为加快云南省森林生态旅游，以自然保护区、国家公园、森林公园、湿地公园为依托，云南省于2月底完成国家重要森林风景资源调查，并起草《云南省林业厅、云南省旅游发展委关于加快云南省森林旅游发展的意见》。

2．森林休闲养生

浙江省《浙江森林休闲养生区建设指导意见》、《浙江森林古道修复规范指导意见》和《浙江森林家园建设指导意见》 为发挥森林的多种功能，弘扬生态文化，满足城乡居民回归自然、走进森林、休闲养生的需求，推动一流森林休闲养生福地建设，引导森林休闲旅游业健康发展，规范森林休闲养生区建设，浙江省林业厅制定了《浙江森林休闲养生区建设指导意见》、《浙江森林古道修复规范指导意见》、《浙江森林家园建设指导意见》，于1月印发，3月开始正式实施。

浙江省《关于推进森林特色小镇和森林人家建设的指导意见》 为深入贯彻浙江省省委、省政府《关于加快推进林业改革发展全面实施五年绿化平原水乡十年建成森林浙江的意见》（浙委发〔2014〕26号）精神，落实省政府《关于加快特色小镇规划建设的指导意见》（浙政发〔2015〕8号）的有关要求，浙江省林业厅于10月印发《关于推进森林特色小镇和森林人家建设的指导意见》（以下简称《意见》），于12月实施。《意见》主要包括重要意义、指导思想、产业定位、创建内容、创建程序、政策措施6个方面内容。

山东省《关于加强百亩森林休闲健身公园的工作意见》 山东省即墨市于7月出台了《关于加强百亩森林休闲健身公园的工作意见》（以下简称《工作意见》）。《工作意见》要求将公园建设与促进经济社会发展有机融合，实现资金筹集多元化，充分调动社会力量，探索镇级财政投入、企业投资、企业或个人认捐等多种筹资模式，建设休闲健身公园。

3．湿地保护

山东省《关于进一步加强湿地保护管理工作的意见》 山东省政府办公厅于2月印发《关于进一步加强湿地保护管理工作的意见》（以下简称《意见》）。《意见》提出了湿地保护的目标任务、总体布局、近期工作重点和保障措施。《意见》指出山东省将实施六大重点工程，按照全省湿地分布特点和生态主导功能，重点构

专栏3　山东省构建"一环、两湖、三带、四区、五点"保护管理格局

一环：沿海前海水域和海岸滩涂，通过建设沿海生态保护带，对退化海岸湿地生态系统进行综合整治、恢复和重建，建立具有良性循环和生态

经济增值的湿地生态系统。

两湖：南四湖和东平湖，实行退田还湖、退养还滩，环湖建立大型生态保护带，保护水质安全，维护南水北调东线工程的调蓄地功能。

三带：黄河沿线湿地生态保护带、小清河沿线湿地生态保护带和京杭运河沿线湿地生态保护带，通过河道疏浚、生物护岸、污染控制等，加快湿地公园、保护小区建设。

四区：黄河流域花园口以下区、淮河流域沂沭泗河区、淮河流域山东半岛沿海诸河区和海河流域徒骇马颊河区，通过围垦湿地退还、湿地调水补水等措施，遏制自然湿地面积萎缩和重要湿地生态功能退化趋势，提高资源环境承载能力。

五点：黄河三角洲和莱州湾、大沽河和胶州湾、荣成沿海、庙岛群岛、黄垒河和乳山河口湿地，通过加强现有湿地保护区建设，新建湿地保护区，退养还滩等措施，促进退化和遭破坏湿地的保护与修复。

建"一环、两湖、三带、四区、五点"的保护管理格局。《意见》涉及全省湿地资源，对湿地资源的保护具有重要意义。

广东省《关于大力构建湿地生态保护体系加快珠江三角洲地区绿色生态水网建设的意见》 广东省政府办公厅于11月发布《关于大力构建湿地生态保护体系加快珠江三角洲地区绿色生态水网建设的意见》（以下简称《意见》）。《意见》就大力构建湿地生态保护体系、推动珠三角绿色生态水网建设，提出未来5年的具体目标，并强调加强湿地资源保护、大力推进湿地公园建设、加强湿地水生态治理、加快水网地区绿化美化、加快绿色循环经济发展、大力弘扬岭南水乡文化六大主要任务。

第三章

规划与标准化建设

- 全国性发展规划
- 地方性发展规划
- 标准化建设

第三章 规划与标准化建设

2015 年是"十二五"规划的收官之年，同时也是全面谋划"十三五"工作的关键之年。森林旅游管理部门进一步完善森林旅游行业的规划与标准化建设，国家林业局印发《全国城郊森林公园发展规划（2016—2025 年）》，初步编制完成《全国湿地保护"十三五"实施规划》，审议通过《国家沙漠公园发展规划（2016—2025 年）》和《全国热带雨林保护规划（2016—2020 年）》，强化了国家级森林公园总体规划的编制和审批，为森林旅游的发展奠定基础。同时，国家林业局起草、制定、编印或评审国家森林公园、国家生态公园和国家沙漠公园方面的相关标准。部分地区相继编制、实施本地区的森林旅游规划与标准。

一、全国性发展规划

（一）印发《全国城郊森林公园发展规划（2016—2025年）》

近年来，随着我国城镇化建设的不断推进、城镇建成区快速扩张、城镇人口急剧增加，城郊森林公园得到快速发展，已成为我国森林公园发展的新方向和新亮点。为了更好服务于新型城镇化建设发展的需要，科学指导、合理布局、规范建设、有效管理全国城郊森林公园，满足广大城镇居民享受良好生态产品的迫切需求，根据《国家新型城镇化发展规划（2014—2020 年）》、《全国主体功能区规划（2011—2020 年）》、《全国林地保护利用规划纲要（2010—2020 年）》、《国民旅游休闲纲要（2013—2020 年）》等国家战略和发展规划，国家林业局组织编制了《全国城郊森林公园发展规划（2016—2025 年）》（以下简称《规划》），于 6 月组织专家审议通过《规划》，于 12 月印发《规划》。《规划》主要包括城郊森林公园的必要性、我国城郊森林公园发展成效和挑战、城郊森林公园发展的总体思路、发展布局、主要建设内容和保障措施共 6 个方面内容，能够指导和引领城镇森林公园的健康发展，促进国家新型城镇化和现代林业的发展。城郊森林公园作为新型城镇化建设中重要的绿色基础设施，在森林公园基本建设的基础上，重点加强生态保护修复、森林休闲健身、生态科普教育、全民参与平台、示范城郊森林公园建设等五个方面建设，逐步建立起"政府主导、林业主管、部门协作、市场参与"的城郊森林公园建设管理机制，通过建设城郊森林公园，让森林走进百姓生活，共享林业发展成果，培育尊重自然、顺应自然、保护自然的意识，满足绿色城镇和宜居城镇建设的需求，满足城镇居民日益增长的健身、休闲的需求。

（二）编制《全国湿地保护"十三五"实施规划》

湿地保护已成为我国生态文明建设的重要内容，我国在湿地保护方面的政策措施尚不成熟，为有效保护我国的湿地资源，国家林业局初步编制完成了《全国湿地保护"十三五"实施规划》。

（三）审议《国家沙漠公园发展规划（2016–2025年）》

国家林业局于11月组织专家审议通过《国家沙漠公园发展规划（2016–2025年）》（以下简称《规划》）。《规划》充分反映了全国沙漠公园建设的实际需求，是今后一个时期国家沙漠公园建设与评估的重要指导文件，对于规范沙漠公园的建设和管理、促进沙漠生态功能的保护和荒漠化地区的生态建设、保障国土生态安全具有重要意义。

（四）审议《全国热带雨林保护规划（2016–2020年）》

国家林业局于11月组织专家审议通过《全国热带雨林保护规划（2016–2020年）》（以下简称《规划》）。《规划》科学合理地规划了热带雨林生态系统保护与恢复、物种拯救、可持续利用、社区共管及能力建设等方面的内容。《规划》促进了热带雨林保护工作的推进和具体落实，能够有效地指导我国热带雨林保护工作，对全面促进热带雨林的保护与修复、进一步提升其生态功能意义重大。

二、地方性发展规划

2015年，河北、辽宁、黑龙江、江苏、江西、山东、湖北、重庆、云南、陕西等省（直辖市）编制、审议或印发与森林旅游相关的规划（表3-1），规划内容为各地区森林旅游的发展奠定了基础、指明了方向。

表3-1 部分省(直辖市)森林旅游相关的规划

序号	类别	相关规划
1		编制《辽宁省森林公园、森林旅游"十三五"规划》
2	森林旅游	审议《黑龙江省森工林区旅游发展规划》
3		起草《云南省森林旅游发展规划（2016–2025年）》
4		编制《河北省森林公园"十三五"发展规划》
5		编制《江西毗炉村全国森林旅游示范区创建总体规划（2015–2018年）》
6	森林公园	编制《山东省森林人家旅游发展总体规划（2015–2025年）》
7		起草《重庆森林公园发展规划（2015–2030）》
8		印发《河北省湿地保护规划（2015–2030年）》
9		发布《江苏省湿地保护规划（2015–2030年）》
10	湿地保护	审议《湖北省湿地保护利用规划（2016–2025年）》
11		编制《云南湿地生态监测规划（2015–2025年）》
12		编制《陕西湿地保护"十三五"规划》

（一）森林旅游

1. 编制《辽宁省森林公园、森林旅游"十三五"规划》

2015 年，辽宁省完成了《辽宁省森林公园、森林旅游"十三五"规划》的编制工作。2016 年是"十三五"规划的起始年，各相关单位旨在未来 5 年完成主要目标。

2. 审议《黑龙江省森工林区旅游发展规划》

《黑龙江省森工林区旅游发展规划》（以下简称《规划》）评审会于 7 月在哈尔滨召开。《规划》在生态保护的基础上，本着"坚持可持续发展，加快转型升级"的原则，规划了未来 15 年森工国有林区旅游业发展的方向、目标、战略定位、功能布局、项目策划、营销策略及行业管理等内容，为森工旅游的形象定位、开发建设、资源整合等提供科学、合理的依据。

3. 起草《云南省森林旅游发展规划（2016–2025 年）》

为加快云南省森林旅游发展，云南省于 2 月底完成国家重要森林风景资源调查，并起草了《云南省森林旅游发展规划（2016–2025 年）》。

（二）森林公园

1. 编制《河北省森林公园"十三五"发展规划》

2015 年，河北省编制了《河北省森林公园"十三五"发展规划》，为河北省未来 5 年森林公园的发展奠定坚实的基础。

2. 编制《江西毗炉村全国森林旅游示范区创建总体规划（2015–2018 年）》

江西省毗炉村是全国首批 10 个森林旅游示范区试点单位之一，2015 年，江西省相关部门组织指导靖安县宝峰镇毗炉村编制完成《江西毗炉村全国森林旅游示范区创建总体规划（2015–2018 年）》。

3. 编制《山东省森林人家旅游发展总体规划（2015–2025 年）》

为满足城乡居民回归自然、走进森林、休闲养生的需求，山东省高度重视森林人家的发展。2015 年，为保障森林人家的良好发展趋势，山东省编制了《山东省森林人家旅游发展总体规划（2015–2025 年）》。

4. 编制《重庆森林公园发展规划（2015–2030 年）》

2015 年，重庆市编制了《重庆森林公园发展规划（2015–2030 年）》（以下简称《规划》）。《规划》以五大功能区为基础，优化森林公园布局、分步实施森林公园建设、提升森林旅游服务水平。建设内容包括景观资源保护提升、基础设施建设、森林旅游产品开发（森林疗养、森林游憩、森林人家）、生态文化建设、能力建设。《规划》促进森林、文化、旅游深度融合，旨在打造"长江上游绿色山城"。

2015 年，国家林业局共批复 42 个符合审批条件的国家级森林公园的总体规划，详见表 3-2。

专栏4 重庆市五大功能区

1. 都市功能核心区
2. 都市功能拓展区
3. 城市发展新区
4. 渝东北生态涵养发展区
5. 渝东南生态保护发展区

表3-2 2015年国家林业局批复的国家级森林公园总体规划

类别	文件号	获批单位	数量（个）
国家森林公园总体规划	林规发〔2015〕158号	辽宁大黑山国家森林公园、浙江牛头山国家森林公园、浙江遂昌国家森林公园、江西三爪仑国家森林公园、河南铜山湖国家森林公园、四川剑门关国家森林公园、云南五老山国家森林公园、陕西黄龙山国家森林公园、内蒙古达尔滨湖国家森林公园、内蒙古伊克萨玛国家森林公园	10
	林规发〔2015〕25号	北京西山国家森林公园、浙江紫微山国家森林公园、福建武夷天池国家森林公园、江西毓秀山国家森林公园、山东峄山国家森林公园、贵州台江国家森林公园、西藏比日神山国家森林公园	7
	林规发〔2015〕50号	内蒙古绰源国家森林公园、辽宁桓仁国家森林公园、黑龙江石龙山国家森林公园、黑龙江勃利国家森林公园、湖南不二门国家森林公园、湖南矮寨国家森林公园、广西良凤江国家森林公园、广西大瑶山国家森林公园、甘肃吐鲁沟国家森林公园、甘肃文县天池国家森林公园	10
	林规发〔2015〕69号	福建天柱山国家森林公园、湖北牛头山国家森林公园、湖北大别山国家森林公园、湖南南华山国家森林公园、湖南熊峰山国家森林公园、四川二郎山国家森林公园、四川七曲山国家森林公园、甘肃冶力关国家森林公园、甘肃石佛沟国家森林公园、西藏巴松湖国家森林公园	10
	林规发〔2015〕95号	山西乌金山国家森林公园、黑龙江绥芬河国家森林公园、广西大容山国家森林公园、重庆金佛山国家森林公园、四川夹金山国家森林公园（宝兴部分）	5

（三）湿地保护

1．印发《河北省湿地保护规划（2015–2030年）》

河北省政府于5月印发《河北省湿地保护规划(2015–2030年)》(以下简称《规划》)。《规划》以生态文明建设为指导，以保护、修复和扩大湿地生态空间为主要目标，以湿地自然保护区和湿地公园建设、湿地恢复与生态修复、湿地污染整治以及湿地保护管理能力建设为重点，通过加强湿地保护工程和管理体系建设，系统修复和提升全省湿地生态系统功能。

2．发布《江苏省湿地保护规划（2015–2030年）》

江苏省发展和改革委员会和江苏省林业局于8月联合发布《江苏省湿地保护规划（2015–2030年)》（以下简称《规划》)。《规划》将江苏省湿地划分为太湖流域湿地区、长江沿江湿地区、淮河流域湿地区、滨海湿地区四个区域，重点实施湿地保护工程、湿地生态修复工程、湿地可持续利用示范工程、湿地保护能力建设工程，规定了主要任务，将湿地的重要性提高到与森林资源一样的高度，全面提高全省湿地保护管理能力。

3．审议《湖北省湿地保护利用规划（2016–2025年）》

湖北省林业厅于9月组织相关专家对《湖北省湿地保护利用规划（2016–2025)》（以下简称《规划》)进行评审。《规划》在分析湖北省湿地资源现状特点的基础上，明确了全省湿地保护利用总体目标，规划了湿地生态红线、湿地保护管理与利用体系，提出了重点建设任务，为湖北省湿地保护与发展提供了科学依据，对加强全省湿地保护与利用工作具有重要的指导作用。

4．编制《云南湿地生态监测规划（2015–2025年）》

为加快推进云南省湿地生态监测体系建设工作，规范开展湿地生态监测，云南省林业厅于4月组织编制了《云南湿地生态监测规划（2015–2025年)》（以下简称《规划》)。《规划》对监测基础设施建设、监测队伍、技术规范和实施保障、运行与管理等内容进行了规划，为全省湿地生态监测网络建设、规范湿地生态监测提供指导，为全省湿地保护策略的制定提供决策依据。

5．编制《陕西湿地保护"十三五"规划》

以《陕西省湿地保护工程规划（2009–2030年)》为基础，陕西省于5月启动了湿地保护"十三五"规划编制工作，主要进行以下三项工作：(1) 建立科学的湿地确认、界定和评价指标体系；(2) 建立湿地保护长效和多元化投入机制；(3) 建立湿地监测体系。

三、标准化建设

按照《中华人民共和国标准化法》和《国务院关于印发深化标准化工作改革方案的通知》(国发〔2015〕13号) 要求，国家林业局于9月印发《国家林业局关于进一步加强林业标准化工作的意见》，针对健全管理体系、完善标准体系、强化标准实施、提升支撑能力、保障措施等，提出了林业标准化总体要求。2015 年，国家森林公园和国家沙漠公园方面的相关标准建设加强，北京、河北、山西、浙江、河南、广东、四川、云南、青海等省（直辖市）起草、编制、编印、评审或发布实施森林旅游相关标准。表 3-3 为 2015 年森林旅游相关标准。

表3-3　2015年森林旅游相关标准

序号	类别	标准化名称
1	森林公园	北京《森林公园养护管理标准》
2		浙江《森林旅游区质量等级划分与评定标准》
3		广东《森林公园建设指引（送审稿）》
4		四川《森林公园服务设施建设规范》
5	沙漠公园	《国家沙漠公园建设导则》、《国家沙漠公园总体规划设计规范》、《国家沙漠公园总体规划编制导则》（送审稿）
6	湿地	青海《湿地监测技术规程》
7	其他	河北《曹妃甸文化旅游度假区标准化体系建设指导目录》
8		山西《古树名木养护管理规范》
9		河南《陆生野生动物收容救护技术规范》
10		云南《建设项目生物多样性影响评价》

（一）森林公园

1．北京《森林公园养护管理标准》

北京市于 6 月编制《森林公园养护管理标准》（以下简称《标准》），《标准》旨在理顺森林公园管养关系，健全养护长效、常态管理机制，建立符合森林公园实际的养护质量标准、技术要求、养护流程、养护时效、养护作业量等一整套标准体系，促进森林公园养护作业管理的规范化、制度化、长效化、精细化水平，增强服务能力、提升养护水平，提高森林公园形象。

2．浙江《森林旅游区质量等级划分与评定标准》

为加强对森林旅游区的管理，提高森林旅游区服务质量，维护森林旅游区和旅游者的合法权益，促进浙江省森林旅游资源开发、利用和环境保护，浙江省起草了《森林旅游区质量等级划分与评定标准》。

3．广东《森林公园建设指引（送审稿）》

广东省《森林公园建设指引（送审稿）》于 8 月通过了广东省质量技术监督局审定。该标准的发布实施为广东省森林公园的系统性开发建设和经营管理提供了指导性依据，进一步提高了森林公园的规划设计和建设管理水平，促进了森林风景资源的合理开发、利用和保护，使广东省森林公园事业朝着健康、持续、有序方向发展。

4．四川《森林公园服务设施建设规范》

为适应森林旅游与森林公园服务设施建设的要求，统一森林公园总体设计要求，按照四川省林业厅对森林公园"建设标准化、管理信息化、经营规范化、社区现代化"的工作要求，四川省于8月编制完成《四川省森林公园服务设施建设规范》。

（二）沙漠公园

主要有《国家沙漠公园建设导则》、《国家沙漠公园总体规划设计规范》、《国家沙漠公园总体规划编制导则（送审稿)》。《国家沙漠公园建设导则》、《国家沙漠公园总体规划设计规范》已经通过专家评审，对于国家沙漠公园规划及建设工作具有重要意义。国家林业局组织的专家于7月审议通过《国家沙漠公园总体规划编制导则（送审稿）》（以下简称《导则》）。《导则》全面规定了国家沙漠公园总体规划的专项规划、分期建设规划、投资估算及效益评价、规划成果与深度要求等，对指导沙漠公园总体规划编制，规范沙漠公园的建设和发展具有重要意义。

（三）湿地

主要有青海《湿地监测技术规程》。由青海省湿地保护管理中心牵头制定的《湿地监测技术规程》（以下简称《规程》）于3月正式实施，《规程》中对湿地监测主要内容、监测指标、技术方法、监测频次、监测站位布设以及监测报告编写格式等技术进行了规定和要求，为青海湿地资源监测规范化管理、标准化监测提供科学依据，对青海湿地资源的保护起到积极的推动作用。

（四）其他

1．河北《曹妃甸文化旅游度假区标准化体系建设指导目录》

《曹妃甸文化旅游度假区标准化体系建设指导目录》于4月正式发布，它是我国第一个湿地文化旅游标准体系，填补了国内关于湿地文化旅游服务标准的空白。该体系包括180项标准，由68项国家标准、4项行业标准、108项曹妃甸湿地服务标准组成，其核心涵盖了能源、安全与应急、职业健康、信息、设施设备、服务规范、运行管理等多个领域。

2．山西《古树名木养护管理规范》

由山西省绿化委员会办公室起草、省质量技术监督局审查批准的山西省地方标准《古树名木养护管理规范》（以下简称《规范》）自1月30日起正式实施。《规范》共有6章，系统全面提出了古树名木日常养护的技术和管理措施，在国内首次规范了火灾防范技术，对提高山西省古树名木养护管理水平、推进古树名木资源保护具有重要意义。

3．河南《陆生野生动物收容救护技术规范》

河南省《陆生野生动物收容救护技术规范》（以下简称《规范》）于9月批准发布，于11月正式实施。《规范》主要从陆生野生动物收容救护的原则、基本条件、工作程序、安全防护等方面进行了科学界定，作为我国野生动物收容救护行业制订的第一个行业标准，对提高河南省野生动物收容救护水平、维护生物多样性具有重要意义。

4. 云南《建设项目生物多样性影响评价》

云南省《建设项目生物多样性影响评价》地方标准于 7 月正式发布实施。该标准规定了自然保护区外各类建设项目对生物多样性影响评价的基本要求、调查方法、评价指标体系及方法、评价结果等，为云南省生物多样性保护奠定了理论基础，对生物多样性的保护具有深远的意义。

第四章

目的地建设

- 景区规模
- 景区建设
- 示范建设
- 生态文明建设

第四章 目的地建设

2015 年，全国森林等自然资源旅游景区类型更加丰富、规模持续增加，各级部门加大森林旅游的投资，森林旅游基础设施渐具规模，森林旅游的多样化功能逐渐体现。

一、景区规模

2015 年，全国森林旅游地的规模进一步扩大，森林公园、湿地公园、林业系统自然保护区总数达 6725 处，其中森林公园 3234 处，湿地公园 1263 处，林业系统自然保护区 2228 处，沙漠公园 55 处，生态公园 14 处，国家林木（花卉）公园 8 处，详见图 4-1。森林公园、湿地公园、林业系统自然保护区总面积达 14584.51 万公顷，其中森林公园面积 1801.71 万公顷，湿地公园面积 357.80 万公顷，林业系统自然保护区面积 12425.00 万公顷，沙漠公园面积新增 9.00 万公顷，生态公园面积新增 4.89 万公顷，详见图 4-2。同时，植物园、野生动物园等其他森林旅游目的地逐渐增加。

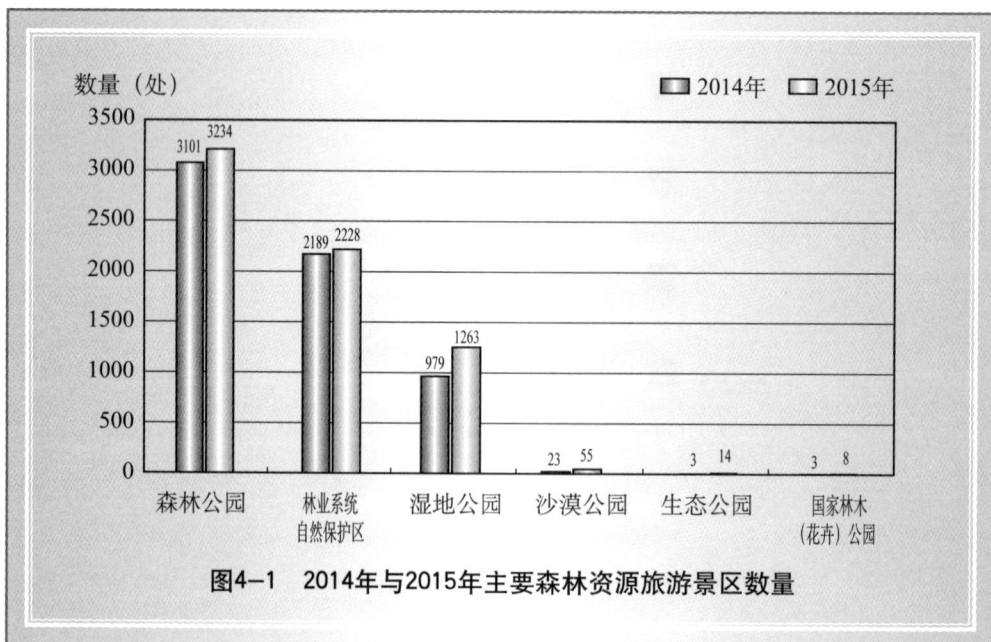

图4-1　2014年与2015年主要森林资源旅游景区数量

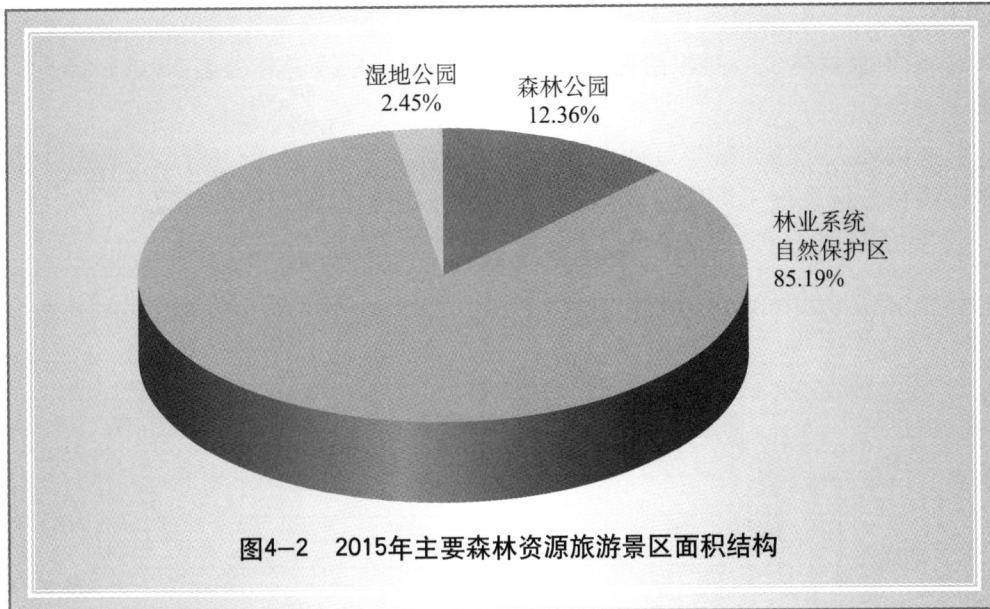

图4-2　2015年主要森林资源旅游景区面积结构

（一）森林公园

截至 2015 年年底，全国共建立森林公园 3234 处，比 2014 年增加了 133 处，同比增长 4.29%；总面积 1801.71 万公顷，比 2014 年增加了 21.17 万公顷，同比增长 1.19%。其中，国家级森林公园 827 处（含国家级森林旅游区 1 处），面积 1251.06 万公顷，比 2014 年增加 39 处、24.96 万公顷；省级森林公园 1402 处，面积 417.99 万公顷，比 2014 年减少 26 处、14.14 万公顷；县（市）级森林公园 1005 处，面积 132.66 万公顷，比 2014 年增加 124 处、10.35 万公顷。表 4-1 是 2010–2015 年森林公园总数超过 100 处的省份变化情况，图 4-3

表4-1　2010–2015年森林公园总数超过100处的省份名单

序号	省份	2015年森林公园总数（处）	2014年森林公园总数（处）	2013年森林公园总数（处）	2012年森林公园总数（处）	2011年森林公园总数（处）	2010年森林公园总数（处）
1	广东	615	532	460	457	458	424
2	山东	244	251	242	239	224	209
3	浙江	199	199	195	177	169	155
4	福建	177	178	178	178	138	107
5	江西	177	175	169	162	156	155
6	河南	171	170	160	150	146	133
7	山西	127	127	111	111	111	111
8	湖南	125	123	119	113	110	105
9	四川	126	123	121	119	116	108
10	河北	100	101	93	93	89	80
11	江苏	107	65	64	61	58	55

是 2012—2015 年全国森林公园总数及各级森林公园数量变化情况，图 4-4 是 2015 年各级森林公园面积情况。2015 年新增的国家级森林公园 39 处，详见附录一。

我国地大物博、幅员辽阔，各区域的资源、环境、经济、社会等差异导致我国森林公园发展不均衡，总体上呈现东强西弱、南强北弱的特征，广东、山

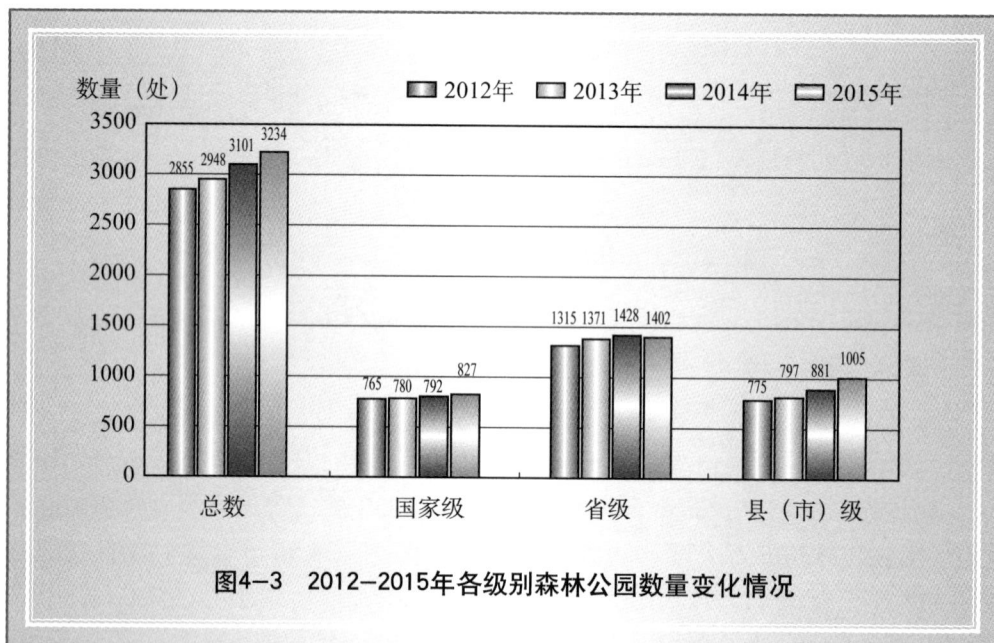

图4-3　2012—2015年各级别森林公园数量变化情况

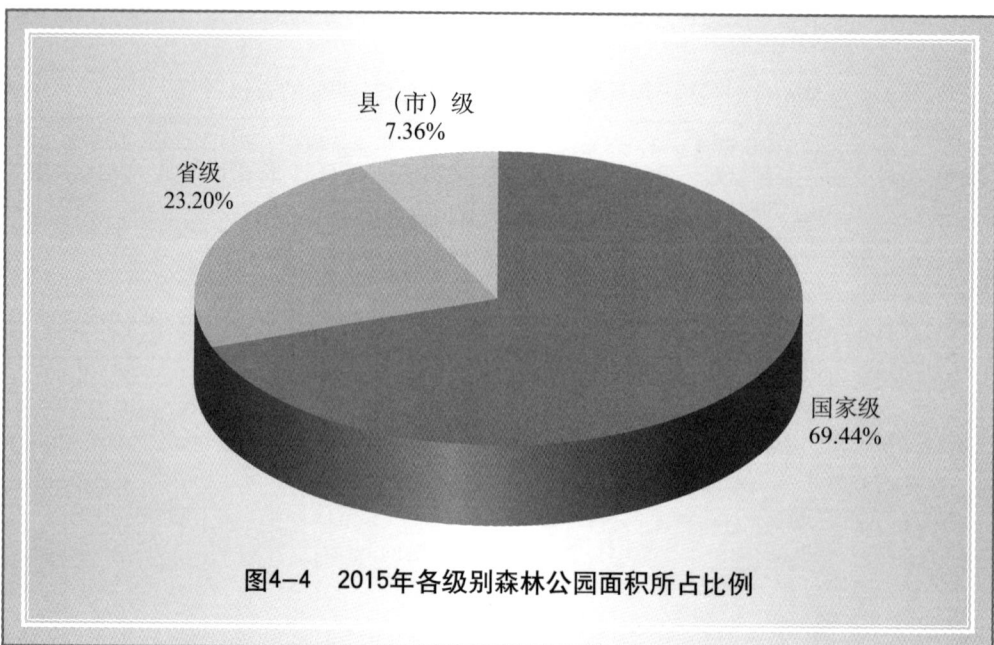

图4-4　2015年各级别森林公园面积所占比例

东、浙江、福建、江西、河南6个省的森林公园数量占全国森林公园数量的48.95%。2015年我国森林公园数量、面积按东部、中部、西部和东北部四个区域统计情况详见图4-5、图4-6。

全国森林公园的分布情况为：（1）东部地区森林公园总数1507处，比2014年增加117处，同比增长8.42%；面积315.61万公顷，比2014年增加10.11万

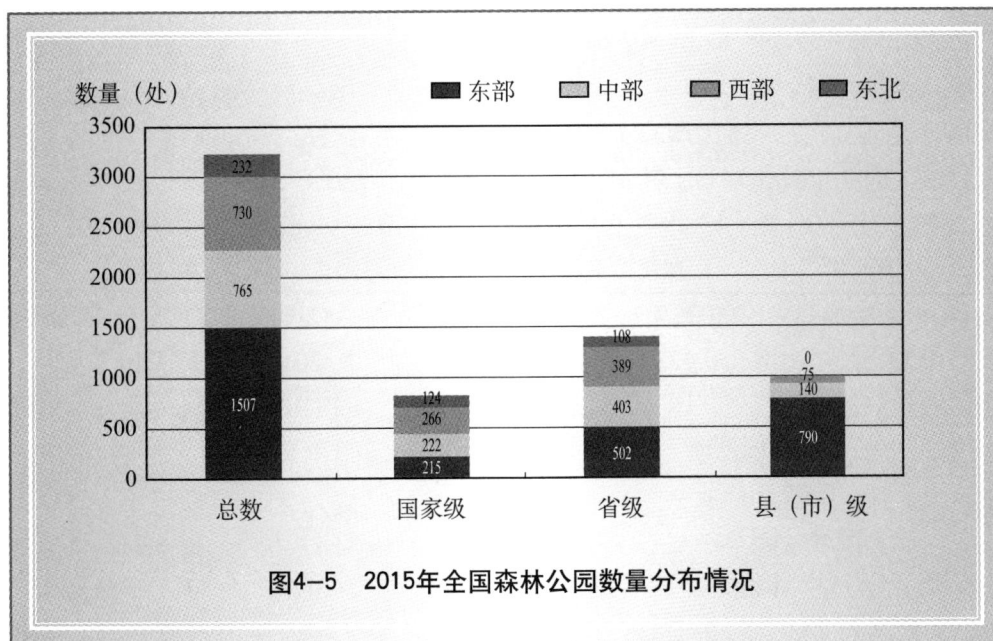

图4-5　2015年全国森林公园数量分布情况

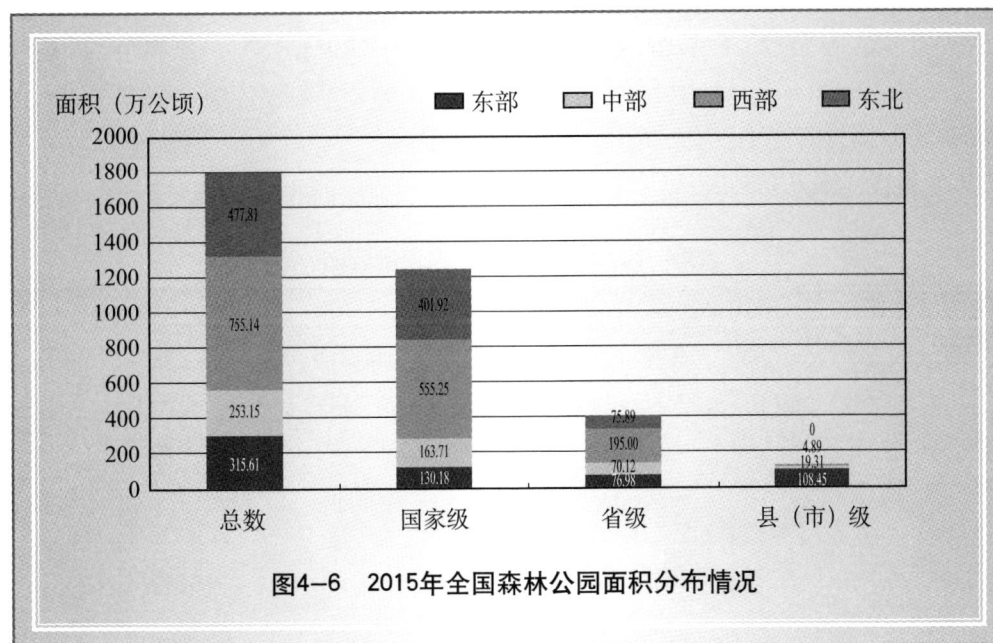

图4-6　2015年全国森林公园面积分布情况

公顷，同比增长 3.31%。其中，国家级森林公园 215 处，面积 130.18 万公顷，比 2014 年增加 5 处、2.11 万公顷；省级森林公园 502 处，面积 76.98 万公顷，比 2014 年减少 10 处、2.34 万公顷；县（市）级森林公园 790 处，面积 108.45 万公顷，比 2014 年增加 122 处、10.34 万公顷。(2)中部地区森林公园总数 765 处，比 2014 年增加 4 处，同比增长 0.53%；面积 253.15 万公顷，比 2014 年增加 1.48 万公顷，同比增长 0.59%。其中，国家级森林公园 222 处，面积 163.71 万公顷，比 2014 年增加 13 处、7.94 万公顷；省级森林公园 403 处，面积 70.12 万公顷，比 2014 年减少 9 处、6.44 万公顷；县（市）级森林公园 140 处，面积 19.31 万公顷，数量、面积与 2014 年大致相同。(3) 西部地区森林公园总数 730 处，比 2014 年增加 11 处，同比增长 1.53%；面积 755.14 万公顷，比 2014 年增加 8.48 万公顷，同比增长 1.14%。其中，国家级森林公园 266 处，面积 555.25 万公顷，比 2014 年增加 14 处、13.28 万公顷；省级森林公园 389 处，面积 195.00 万公顷，比 2014 年减少 5 处、4.81 万公顷；县（市）级森林公园 75 处，面积 4.89 万公顷，比 2014 年增加 2 处、0.02 万公顷。(4) 东北地区森林公园总数 232 处，比 2014 年增加 1 处，同比增长 0.43%；面积 477.81 万公顷，比 2014 年增加 1.10 万公顷，同比增长 0.23%。其中，国家级森林公园 124 处，面积 401.92 万公顷，比 2014 年增加 3 处、1.64 万公顷；省级森林公园 108 处，面积 75.89 万公顷，比 2014 年减少 2 处、0.54 万公顷。

（二）湿地公园

截至 2015 年年底，全国各级湿地公园数量达 1263 处，比 2014 年增加 284 处，同比增长 29.01%；总面积 357.8 万公顷，比 2014 年增加 38.8 万公顷，同比增长 12.16%。其中，国家湿地公园 705 处，面积 319.5 万公顷，比 2014 年增加 137 处、44.1 万公顷；省级湿地公园 393 处，面积 37.5 万公顷，比 2014 年增加 53 处，减少 0.5 万公顷；县级湿地公园 165 处，面积 0.8 万公顷，比 2014 年增加 98 处，减少 4.7 万公顷。2015 年新增国家湿地公园 137 处，详见附录二，其具体分布详见表 4-2。

表4-2　2015年新增国家湿地公园

东部地区		中部地区		西部地区				东北地区	
省份	数量	省份	数量	省份	数量	省份	数量	省份	数量
河北	7	山西	3	内蒙古	13	西藏	4	辽宁	7
江苏	3	安徽	7	广西	4	陕西	5	黑龙江	11
福建	2	江西	5	重庆	2	甘肃	3		
山东	9	河南	4	四川	5	青海	4		
广东	4	湖北	7	贵州	6	宁夏	1		
		湖南	11	云南	1	新疆	9		

（三）自然保护区

截至 2015 年年底，全国各级林业系统自然保护区数量达 2228 处，比 2014 年增加 39 处，同比增长 1.78%；总面积 12425.00 万公顷，约占国土面积的 12.94%，比 2014 年减少 41.29 万公顷，同比减少 0.33%。其中，国家级自然保护区 345 处，面积 8108.00 万公顷，比 2014 年减少 1 处、1.63 万公顷。2015 年新增国家级自然保护区 23 处，详见附录三 。

（四）沙漠公园

2015 年，按照《国家沙漠公园试点建设管理办法》（林沙发〔2013〕232 号）要求，经国家沙漠公园试点建设综合评审会审议，国家林业局新批复 22 个国家沙漠公园开展试点建设工作。截至 2015 年年底，共批复 55 个国家沙漠公园开展试点建设，比 2014 年增加 22 个，详见附录四，同比增长 66.67%；面积 29.73 万公顷，新增面积 9.00 万公顷。其中，广袤的荒漠戈壁大多分布在西北部，沙漠公园主要位于西北部的内蒙古、甘肃、青海、宁夏、新疆等省（自治区），图 4-7 为 55 个国家沙漠公园的分布情况。

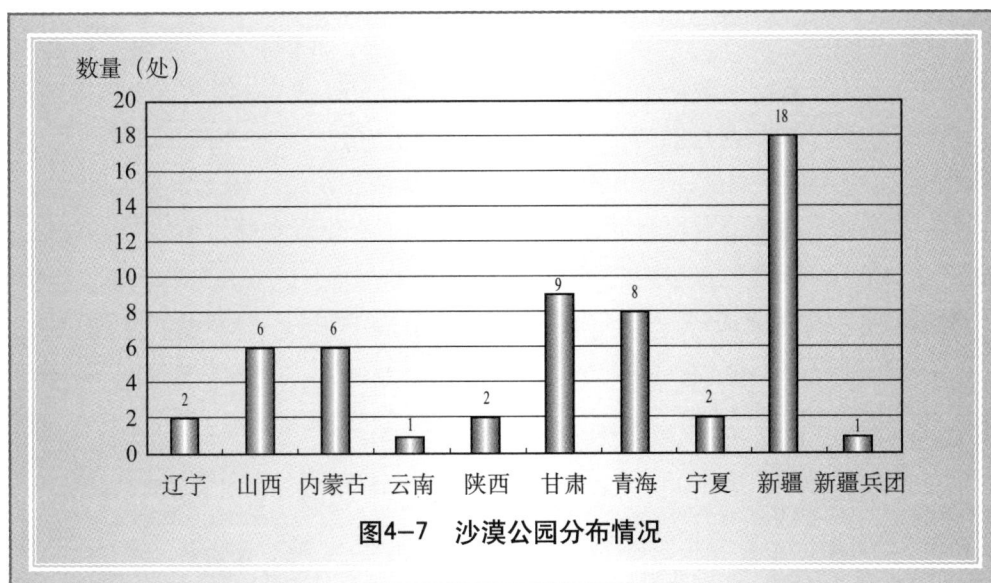

图4-7　沙漠公园分布情况

（五）国家生态公园

2015 年，国家林业局高度重视国家生态公园（试点）建设工作，共批复了 11 个生态公园，新增面积 4.89 万公顷。截至 2015 年年底，国家林业局批复了 14 个生态公园。国家林业局要求各试点单位抓紧完成国家生态公园总体规划的编制、评审和报批；鼓励和引导各试点单位积极探索符合本地实际的管理模式、运行机制和政策措施，将其真正建设成为兼具生态环境保护、生态文化宣传、生态旅游休闲、生态成果展示、生态福祉共享等多种功能的国家生态公园。表 4-3 为 2015 年新批复的国家生态公园（试点）。

表4-3 2015年新批复的国家生态公园（试点）

序号	国家生态公园（试点）名称	批复日期	规划面积（公顷）
1	内蒙古鄂尔多斯国家生态公园（试点）	2015年1月27日	1278
2	江苏张家港暨阳湖国家生态公园（试点）	2015年12月29日	254
3	山东高唐清平国家生态公园（试点）	2015年12月29日	1038
4	山东枣庄环城国家生态公园（试点）	2015年12月29日	20094
5	河南清丰阳子国家生态公园（试点）	2015年12月29日	828
6	河南南乐黄河故道国家生态公园（试点）	2015年12月29日	319
7	河南民权黄河故道国家生态公园（试点）	2015年12月29日	2877
8	湖北随州随城山国家生态公园（试点）	2015年12月29日	687
9	湖北保康尧治河国家生态公园（试点）	2015年12月29日	3556
10	贵州道真洛龙国家生态公园（试点）	2015年12月29日	2053
11	青海西宁环城国家生态公园（试点）	2015年12月29日	15870

（六）其他

2015年，植物园、野生动物园、国家林木（花卉）公园等其他森林旅游目的地逐渐增加。新增安徽芜湖丫山国家牡丹公园、山东郯城国家银杏公园、四川江油国家百合公园3个林木（花卉）公园，此外，我国首个大型野生动物类型国家公园（西藏羌塘藏羚羊、野牦牛国家公园）正式成立；西北首个世界级野生动物标本展厅（陕西自然博物馆"珍稀世界动物展厅"）亮相；四川首个省级湿地保护小区（月坝湿地保护小区）正式成立；陕西启动秦岭国家中央公园建设；江苏常州以新龙森林公园现有资源为基础，建成了常州首个综合植物园。

专栏5 国家林业局关于同意建设安徽芜湖丫山国家牡丹公园、山东郯城国家银杏公园、四川江油国家百合公园的函

林场发〔2015〕178号

安徽、山东、四川省林业厅：

安徽省林业厅《关于转报南陵县政府申请建设安徽芜湖丫山国家牡丹公园的请示》（林园函〔2015〕95号）、山东省林业厅《关于建设郯城国家银杏公园的请示》（鲁林场字〔2015〕328号）、四川省林业厅《关于建设四川江油国家百合公园的请示》（川林〔2015〕60号）收悉。经研究，现函复如下：

一、我局同意建设安徽芜湖丫山国家牡丹公园、山东郯城国家银杏公园、四川江油国家百合公园（以下简称"国家林木（花卉）公园"）。

二、你们要高度重视国家林木（花卉）公园建议，将其纳入森林公园体系管理，加强指导与监督。要督促各建设单位在18个月内编制完成总体规划，由地方人民政府组织评审并批复后分别报省厅和我局备案。国家林木（花卉）公园总体规划应以林木（花卉）种质资源的保护、培育和应用为宗旨，满足资源保育、科研研发、生产经营、观光休闲等功能需求。

三、国家林木（花卉）公园建设要严格执行国家林木（花卉）公园总体规划，强化科学研究，拓展生产应用，丰富文化内涵，创新公共服务，使之真正成为生态、社会、经济效益兼具，综合效益突出的国家级园区。

四、请你们及时将国家林木（花卉）公园建设年度总结报送我局。

国家林业局
2015年12月29日

二、景区建设

（一）基础服务设施建设

2015 年，全国各级林业部门加大对森林旅游地基础服务设施的投入力度，基础服务设施逐步健全。截至 2015 年年底，全国森林公园共有旅游车船 35519 台（艘），比 2014 年增加 779 台（艘），同比增长 2.24%；共有旅游步道 81744.63 千米，比 2014 年增加 3615.88 千米，同比增长 4.63%，2010–2015 年全国森林公园旅游景区步道、车船数变化情况详见图 4-8。2015 年，各类森林旅

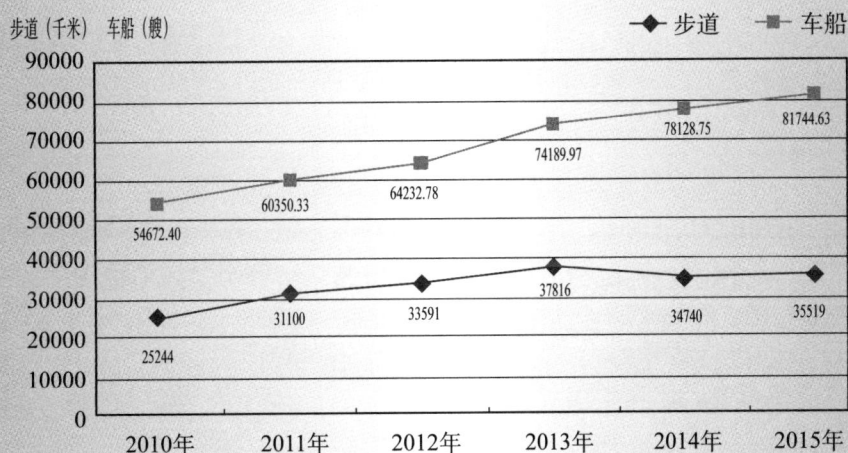

图4-8　2010-2015年全国森林公园旅游景区步道、车船变化情况

游地接待游客的床位总数达 170 万张，接待餐位总数 380 万个，2012-2015 年全国森林旅游地接待游客的床位、餐位数变化情况详见图 4-9。其中，湿地公园共有接待餐位 27.50 万个、床位 18.05 万个；沙漠公园共有接待餐位 1.16 万个、床位 0.39 万个。森林公园系统旅游景区基础服务设施情况详见表 4-4。此外，甘肃省全面推进"旅游厕所革命"，森林公园改扩建旅游厕所 30 座，进一步提升旅游服务品质，不断满足广大游客的需求。

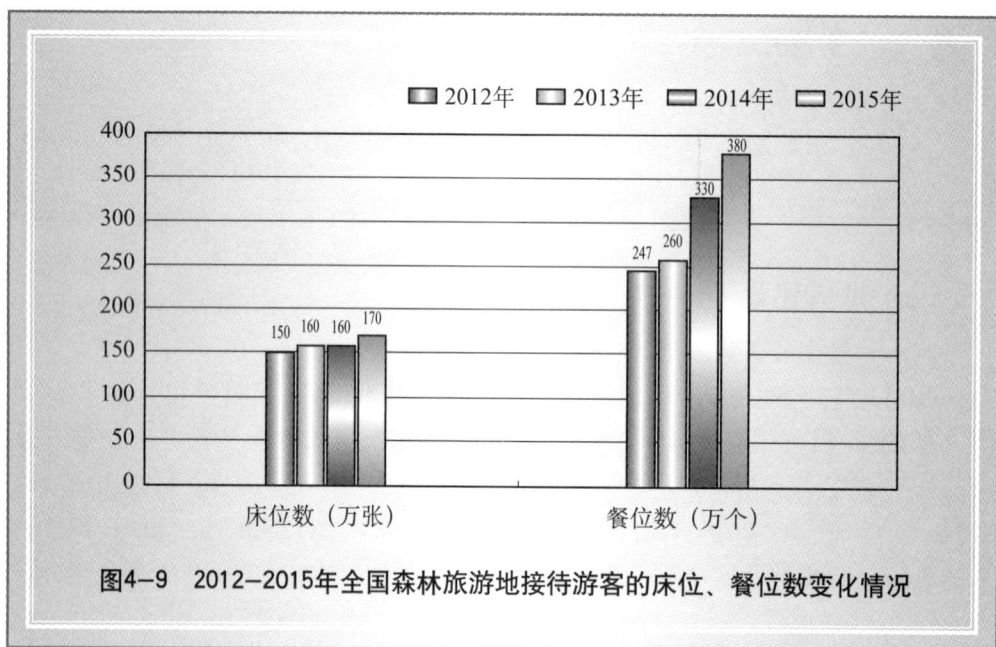

图4-9 2012-2015年全国森林旅游地接待游客的床位、餐位数变化情况

表4-4 2015年森林公园系统旅游景区基础服务设施情况

基础设施类型	森林公园	国家生态公园	国家林木（花卉）公园
车船（艘）	35519	75	216
步道（千米）	81744.63	477.32	141.00

（二）资金投入

2015 年，全国森林旅游地（以森林公园为例）的资金投入力度加大，全国森林公园共投入资金 416.90 亿元，比 2014 年减少 40.8 亿元，同比减少 8.91%；全国森林公园共投入环境建设资金 51.68 亿元，比 2014 年减少 2.86 亿元，同比减少 5.24%。图 4-10 为 2010-2015 年全国森林公园及其环境建设资金投入情况，表 4-5 为 2015 年森林公园系统旅游景区投入资金一览。

森林公园投入资金主要有国家投入资金、自筹资金、招商引资三种渠道，2015 年，国家投入资金 77.06 亿元，占投入资金的 18.48%；自筹资金 141.75 亿元，占投入资金的 34.00%；招商引资 198.09 亿元，占投入资金的 47.52%，参见图 4-11。

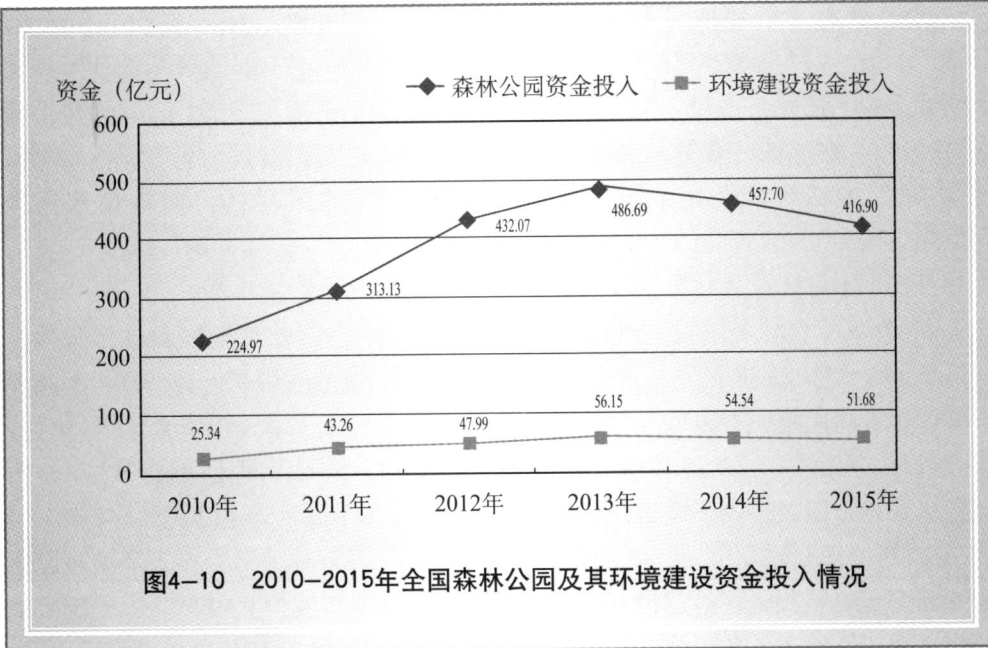

图4-10 2010-2015年全国森林公园及其环境建设资金投入情况

表4-5 2015年森林公园系统旅游景区投入资金一览

亿元

类别	合计	国投	自筹	招商引资	其中环境建设投入
森林公园	416.90	77.06	141.75	198.09	51.68
国家林木（花卉）公园	1.64	0.05	1.51	0.08	0.19
国家生态公园	4.58	0.13	4.17	0.28	0.39

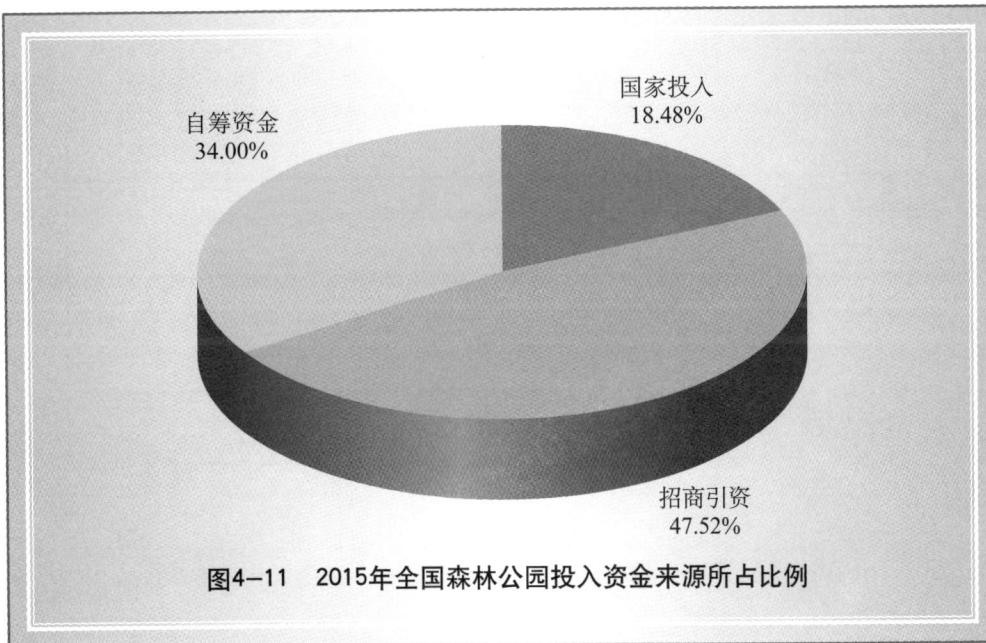

图4-11 2015年全国森林公园投入资金来源所占比例

　　分区域看，东部地区森林公园共投入资金 114.66 亿元，占投入资金的 27.50%，比 2014 年减少 21.97 亿元，同比减少 16.08%；中部地区森林公园共投入资金 84.83 亿元，占投入资金的 20.35%，比 2014 年减少 24.91 亿元，同比减少 22.70%；西部地区森林公园共投入资金 141.13 亿元，占投入资金的 33.85%，比 2014 年增加 8.84 亿元，同比增长 6.68%；东北地区森林公园共投入资金 76.28 亿元，占投入资金的 18.30%，比 2014 年减少 2.75 亿元，同比减少 3.48%。2011－2015 年各区域森林公园投入资金总额变化情况详见图 4-12。

　　将 2015 年森林公园投入环境建设资金按区域统计，东部地区森林公园共投入环境建设资金 22.38 亿元，占全国投入环境建设资金的 43.30%，比 2014 年减少 4.92 亿元，同比减少 18.02%；中部地区森林公园共投入环境建设资金 12.93 亿元，占投入环境建设资金的 25.02%，比 2014 年增加 1.81 亿元，同比增长 16.28%；西部地区森林公园共投入环境建设资金 11.79 亿元，占投入环境建设资金的 22.82%，比 2014 年增加 0.65 亿元，同比增长 5.83%；东北地区森林公园共投入环境建设资金 4.58 亿元，占投入环境建设资金的 8.86%，比 2014 年减少 0.40 亿元，同比减少 8.03%，2011－2015 年各区域森林公园投入环境建设资金总额变化情况详见图 4-13。

　　此外，广东省林业厅于 6 月向省财政厅报送《关于要求设立森林公园和湿地公园生态修复及生态保护基础设施建设省级专项资金的函》，争取早日设立森林公园基础设施建设专项资金，建立常态化长效投入机制，加大对森林公园建设的扶持力度；广西壮族自治区有 9 个森林公园或森林人家获得自治区旅游专项资金扶持，资金额达 2600 万元。

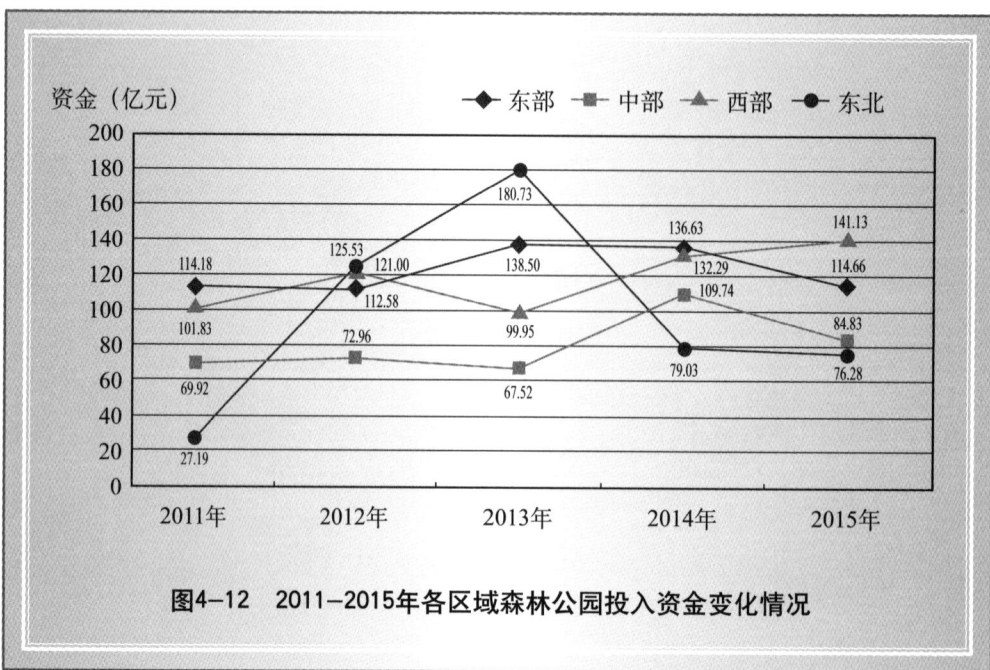

图4-12　2011-2015年各区域森林公园投入资金变化情况

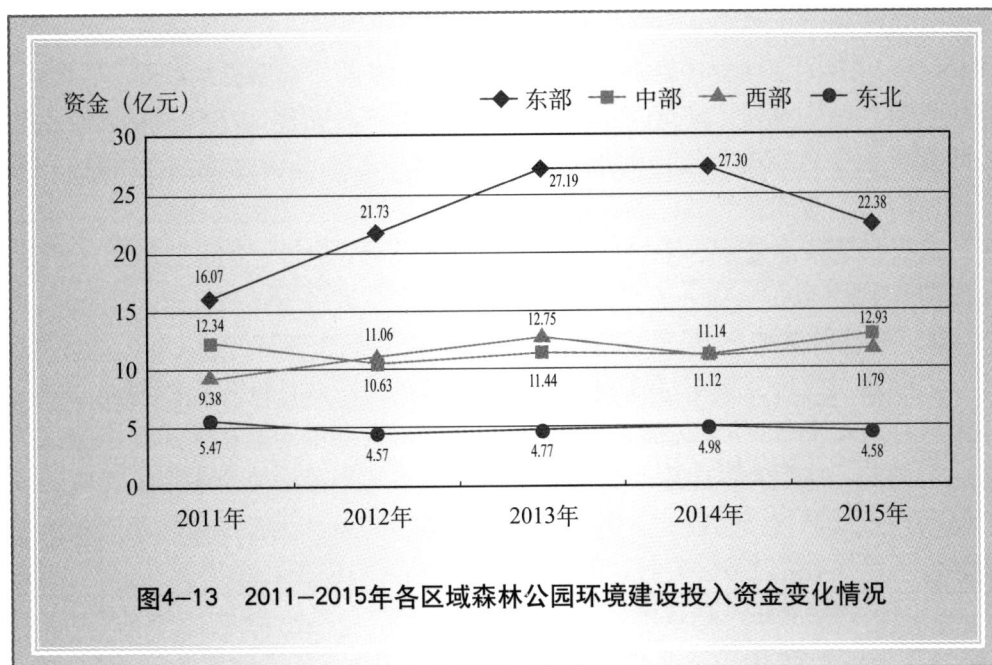

图4-13　2011-2015年各区域森林公园环境建设投入资金变化情况

三、示范建设

（一）智慧森林旅游示范建设试点

为贯彻落实《国务院办公厅关于进一步促进旅游投资和消费的若干意见》，提高我国森林旅游信息化建设水平，促进森林旅游各类资源的系统整合、有效保护和利用，为广大游客提供更加便捷高效的森林旅游信息化服务，根据国家林业局《关于推荐国家森林公园智慧旅游示范点的函》（林园函字〔2015〕27号）文件精神，国家林业局国有林场和林木种苗工作总站在全国5个省的10处国家级森林公园启动了智慧森林旅游示范建设。智慧森林旅游示范建设旨在实现森林旅游管理与服务、森林旅游体验、森林旅游营销等方面的智能化，促进游客与网络的实时互动，推动森林旅游的提质服务。

（二）森林旅游示范建设

1．森林旅游示范市、示范县建设

为促使我国森林旅游产业健康快速发展，更好地发挥森林旅游在建设生态林业、民生林业中的重要作用，积极促进森林旅游资源的保护和合理利用，进一步提高森林生态文明在建设美丽中国行动中的重要作用，打造国家级森林旅游地景点名片，中国林业产业联合会会同国家林业局森林公园管理办公室于8月共同开展"全国森林旅游示范县"申报命名活动，发掘和推广具备良好的森林旅游资源和区位条件，在森林旅游发展中取得了显著成绩和具有示范效应的县级行政单位（包括县、县级市、市辖区、国有森工林业局）。根据中国林业产

业联合会《关于开展"全国森林旅游示范县"申报命名工作的通知》(中产联〔2015〕57号),"全国森林旅游示范县"的申报、命名和管理遵循坚持合理布局、控制数量、保证质量、注重实效、动态管理的原则,按照《全国森林旅游示范县认定申报命名实施办法》的规定执行,最终审定浙江温州市、江西赣州市、江苏溧阳市、浙江淳安县、湖北罗田县、广西龙胜县、重庆武隆县、贵州贵定县、武汉黄陂区9处全国森林旅游示范市、示范县,并于10月在2015中国森林旅游节上授牌。

2. 广西壮族自治区现代特色林业(核心)示范区

以创建现代特色林业(核心)示范区为契机,广西壮族自治区将以森林公园为核心的南宁市良凤江生态文化旅游示范区、贵港市桂平市龙潭生态文化旅游示范区、玉林市大容山森林生态旅游示范区和贺州市姑婆山生态文化旅游示范区列入首批现代特色林业(核心)示范区创建名单,通过示范区建设,促进森林公园旅游配套设施的完善,带动广西的森林旅游快速发展。

(三)休闲养生试点建设

1. 全国首批森林康养试点

中国林业产业联合会于12月启动中国森林医学康养基地建设试点项目,组织专家现场考察和评审确定30家单位作为首批授牌试点基地。试点单位申报须

专栏6 中国森林医学康养基地建设试点单位申报需符合的8项条件

1. 经过工商部门登记注册的国营或股份制森林公园、湿地公园,林场、自然保护区、植物园、中药产业园、生态产业园、森林康养中心等;

2. 有强烈的发展森林康养产业的愿望和开拓精神,周边有1万亩①以上的森林,森林生态环境优良;

3. 交通方便,距省会城市原则上不超过300千米高速公路,或距地级城市不超过100千米;

4. 具有良好的经营能力和一定经济实力,有一定的项目启动资金;

5. 有较好的食宿接待能力,要求有自营或合作经营的相当三星级或以上的酒店或乡村精品客栈;

6. 具有一定规模的森林步道,设计基本规范,符合国家规定的建设质量和安全标准;

7. 具有疾病康复和森林疗养从业人员及专门的接待服务人员;

8. 积极参与森林康养相关专业培训、行业交流、科学研究以及国际合作。

注:1亩=1/15公顷,下同。

符合 8 项条件，试点建设旨在摸索和积累森林康养产业建设的经验以在全国范围内示范推广；探索建立森林康养基地建设技术标准体系；加强森林服务功能和绿色发展宣传，提高政府的重视度和全民的关注度；开展森林康养这一跨生态学、林学、健康管理学和医学的综合性科学研究，为森林康养理论指导和技术服务提供成果和经验；培养一支合格的森林康养职业培训师资队伍，提高森林康养从业人员的专业技术和服务水平；建立一批具有国际水准的森林康养旗舰基地，并成为与国际交流合作的先行者。

2．浙江省休闲养生建设试点县

森林休闲养生业是森林旅游发展的新业态，是以丰富的森林生态景观、优质的森林环境、健康的森林产品、深厚的森林养生文化等为主要资源，配备相应的休闲养生服务设施，开展游憩、度假、疗养、保健、养老等休闲养生服务。浙江省林业厅、省旅游局于 1 月复函同意将桐庐、永嘉、磐安、遂昌等县列为"森林休闲养生建设试点县"，浙江省森林休闲养生建设在县域试点工作正式启动。根据省林业厅、省旅游局《关于加快森林休闲养生业发展的意见》要求，各试点县要加强组织领导，科学编制建设方案，充分发掘利用当地的自然景观、森林环境、休闲养生等资源，积极探索发展森林休闲养生新业态，着力深化体制机制改革，加大保障要素的支持力度。

3．四川公布首批森林康养试点示范基地

为加大国际先进理念引进力度，引入并试验"森林康养"产业理念和模式，积极推动新常态下林业改革，进一步强化林业生态服务民生的重要功能，培育发展新型业态，全面促进四川生态经济提质升级，四川省启动森林康养试点示范基地建设，于 7 月首批确定南溪马家红豆杉基地、洪雅玉屏山、长江造林局白马森林康养中心、峨眉半山七里坪、夹金山国家森林公园神龙沟、普威林业局"迷易森林"康养基地、鸡冠山森林公园、米仓山国家森林公园、天曌山国家森林公园、空山国家森林公园 10 处四川省森林康养试点示范基地。

四、生态文明建设

（一）生态文明示范地建设

1．第二批生态文明先行示范区建设

根据《中共中央 国务院关于加快推进生态文明建设的意见》（中发〔2015〕12 号）、2015 年《政府工作报告》和《国务院关于加快发展节能环保产业的意见》（国发〔2013〕30 号）中有关开展生态文明先行示范区建设的要求，国家发展和改革委员会等部门于 6 月联合下发了《关于请组织申报第二批生态文明先行示范区的通知》，启动了第二批生态文明先行示范工作；于 12 月将北京市怀柔区、天津市静海区、河北省秦皇岛市等 45 个地区作为第二批生态文明先行示范建设地区。

2. 国家级生态保护与建设示范区

国家发展和改革委员会联合科学技术部、国土资源部、环境保护部等11部委于5月联合公布了全国生态保护与建设示范区名单，143个具有代表性的市、县作为国家级生态保护与建设示范区入选。11部委规定要求确定为示范区的市、县（区）要重点突出创新、示范两个方面，积极探索生态保护与建设的规划实施、制度建设、投入机制、科技支撑等方面的经验，形成可复制、可推广的技术模式。

3. 第二批全国中小学环境教育社会实践基地

国家环境保护部和教育部于12月发出《关于公布第二批全国中小学环境教育社会实践基地名单的通知》（以下简称《通知》），经国家环境保护部和教育部联合组织专家评审，最终确定北京植物园等50家单位为第二批全国中小学环境教育社会实践基地。中小学环境教育社会实践基地对于整合宣传教育资源，普及环境保护知识，加强青少年环保习惯养成教育，培育和弘扬生态文明价值观，提升全社会的生态环境意识，培养低碳、绿色、文明、健康的生产生活方式具有重要意义。《通知》要求获得第二批全国中小学环境教育社会实践基地称号的单位切实发挥示范带头作用，进一步提高青少年节约意识、环保意识、生态意识，为推进生态文明建设、推动绿色发展做出新的贡献。表4-6为第二批全国中小学环境教育社会实践基地名单。

表4-6　第二批全国中小学环境教育社会实践基地名单

序号	省份	基地名称	数量（家）
1	北京	北京市植物园	3
2		北京市环境保护监测中心	
3		北京生态岛科技有限责任公司	
4	天津	天津市和平区青少年宫	2
5		中新天津生态城管理委员会	
6	河北	石家庄市植物园	1
7	内蒙古	阿拉善盟生态文明建设和黄河文化促进会（阿拉善盟腾格里沙漠东缘生态治理示范区）	2
8		包头市环境保护宣传教育馆	
9	辽宁	辽河博物馆	3
10		辽宁环保科学园	
11		大连自然博物馆	
12	吉林	延吉市污水处理有限公司	1
13	黑龙江	哈尔滨市儿童少年活动中心	2
14		哈尔滨市香坊区环保拓展训练学校	
15	上海	上海长江河口科技馆	2
16		崇明生态科技馆	

（续）

序号	省份	基地名称	数量（家）
17	江苏	江苏省环境保护宣传教育中心（江苏省生态环保体验中心）	2
18		南京中山植物园	
19	浙江	浙江自然博物馆	3
20		安吉生态博物馆	
21		中国国电集团温岭江厦潮汐试验电站	
22	安徽	淮南市中小学环境教育实践基地	1
23	福建	福建省漳州东南花都有限公司	2
24		邵武将石省级自然保护区	
25	江西	江西官山国家级自然保护区	1
26	山东	山东黄河三角洲国家级自然保护区	2
27		济南红叶谷生态文化旅游区	
28	河南	河南格林美中钢再生资源有限公司	1
29	湖北	格林美（武汉）城市矿产循环产业园开发有限公司	2
30		武汉中小学校外教育活动中心	
31	湖南	怀化市全城污水处理有限公司	2
32		常德市环境监测站	
33	广东	广东海珠湖国家湿地公园	3
34		广州市第一资源热力电厂二分厂	
35		深圳华侨城都市娱乐投资公司（华侨城湿地）	
36	广西	桂林古东旅游有限公司（桂林漓江•古东景区）	1
37	海南	中国热带农业科学院香料饮料研究所	1
38	重庆	重庆三峰环境产业集团有限公司	2
39		重庆大巴山国家级自然保护区	
40	四川	什邡大爱感恩环保科技有限公司	3
41		白鹭湾生态湿地	
42		四川王朗国家级自然保护区	
43	贵州	贵阳阿哈湖国家湿地公园	1
44	云南	哀牢山国家级自然保护区	1
45	青海	青海青藏高原自然博物有限公司	1
46	陕西	西安浐灞国家湿地公园	2
47		西安世博园	
48	甘肃	敦煌阳关国家级自然保护区	1
49	宁夏	吴忠市利通区胜利镇永昌社区	1
50	新疆	新疆维吾尔自治区环境保护科学研究院准噶尔生态环境观测研究站	1

4．其他

2011 年，国家林业局、国家旅游局联合公布 10 个全国森林旅游示范区试点单位，作为示范区试点单位之一的江苏省姜堰溱湖国家湿地公园积极做好示范工作，其所在的泰州市积极响应李克强总理提出的"健康中国"和发展长江经济带的号召，拟将泰州市列为长江经济带大健康产业集聚发展试点城市，发展"药、医、养、游"一体的大健康产业，锁定健康产业集聚区、旅游休闲度假区、历史文化展示区、生态环境示范区、富民创业领先区"五区同创"的发展总定位，加大创新力度，在旅游发展、文化展示、环境打造等方面寻求新突破。

（二）开展自然教育活动

1．广东珠海湿地自然教育学校

为开展各类型的自然教育，普及自然知识，倡导环境保护，广东海珠湿地利用优越的区位便利条件和丰富的湿地生态资源，于 2 月成立全国优秀科普品牌广东珠海湿地自然教育学校。广东珠海湿地自然教育学校引进优秀的社会科普力量，已开发 13 科普课程，5 条科普游线，主要包括自然教育和文化传承两个系列课程。广东珠海湿地自然教育学校不仅在湿地范围内深入挖掘生态科普资源，开展引人入胜的自然课程，还打破地域限制，走进校园和社区，送知识到学校、到社区，培养青少年和周边社区居民爱护环境、热爱大自然的兴趣和意识。2015 年，广东自然学院首批有 5 家试点单位，它们是丹霞山世界地质公园、鼎湖山国家自然保护区、广州海珠国家湿地公园、河源万绿谷、东莞檀香岛。

2．自然生态体验教育与生态旅游发展论坛

四川自然生态体验教育与生态旅游发展论坛于 8 月在成都举行，论坛重点围绕森林游憩与自然教育的新模式、自然生态体验教育制度化建设路径等内容进行深入探讨，并发出了开展自然生态体验教育活动的倡议书。

3．陕西省中小学生森林体验活动

根据陕西省林业厅与省教育厅联合下发的《关于开展中小学生森林体验活动的通知》（陕林宣发 [2013]275 号），为使生态文明理念深入人心，特别是从孩子抓起培育他们的生态文明意识，以实际行动积极参与美丽陕西建设，陕西省决定在全省中小学校开展森林体验活动，要求各市积极开展森林体验活动，尽快筹建森林体验基地。开展中小学生森林体验活动，就是通过引导学生参与森林互动体验活动，加深青少年对森林的感悟和认识，激发他们爱林、护林、爱护环境的自觉性，同时让青少年在体验过程中了解有关森林、湿地、沙漠、野生动植物等方面的科学知识，学习与大自然和谐相处。

4．其他

此外，各级部门开展了类型多样的自然教育、森林体验活动，例如，辽宁獾子洞国家湿地公园国际自然课堂开讲；江苏张甸中心小学赴溱湖开展体验实践活动；安徽合肥市包河区义城中心小学将生态课堂搬进滨湖国家森林公园；广东肇

庆市星湖国家湿地公园环境教育基地"小场所"发挥多功能；第31届林学夏令营暨2015年暑期青少年沙漠生态科学实践活动，这些活动的开展激发了人们的环境保护意识。

（三）充分挖掘生态文化内涵

各森林旅游地采取多种形式，不断挖掘和丰富生态旅游的文化内涵，推出以生态教育、科普教育和爱国主义教育为主题的旅游活动，使人们在寓教于乐中增长知识，受到教育，有力地推动各地精神文明建设和社会文化事业的发展。2015年，各类森林旅游地进一步加强生态文化建设，充分挖掘生态文化内涵，通过建立完善基础设施、建立森林文化基地、开展森林文化活动、举办森林文化会议等，加强对森林生态文化宣传、部署，使生态文化深入人心，全面提升森林旅游生态服务功能。

河北塞罕坝国家级自然保护区动植物标本陈列室初步建成；江苏省金湖县金湖水上森林公园"绿道"建成；浙江绍兴柯桥区开始建18条森林游步道；河南省桐柏山淮源国家级风景名胜区游客服务中心建成并启用；广东星湖国家湿地公园科普宣教中心正式开放。河北塞罕坝国家森林公园成为河北民族师范学院教学实践基地、江苏大丰麋鹿保护区保护区设立南京林业大学外国留学生实习基地。由北京市园林绿化局碳汇办、林场处、科技处、联络处、北京林学会共同主办的"森林文化——自然解说培训会"于11月在北京举行，专家们以自然解说方法与解说标识系统的设计及案例、浅谈解说专业的理论与实践、森林解说系统规划技术规程、环境解说展示设计、自然解说在森林文化中的应用及对北京的启示为题作了报告，对推动北京市自然解说发展具有重要意义。

中南林业科技大学野生动植物保护协会公益宣传活动、广东省森林公园协会经验和学术交流活动、广东广州华南农业大学林学与风景园林学院"湿地与园林"学术报告会、广东海珠湿地生态导赏词大赛、广州绿天使服务队的社区志愿者宣传湿地自然生态知识和湿地文化风情等活动，进一步宣传了森林文化内涵。重庆市于3~11月组织了仙女山、茶山竹海、铁山坪等森林公园参加市委宣传部、市林业局、市教育委员会、市科学技术委员会等部门联合开展的第二届自然笔记大赛中的"一元重庆自然游"活动，较好地发挥了森林公园在科普教育、生态文化传播方面的功能，对参与的森林公园进行了全方位宣传。

首都生态文明宣传教育示范基地经验交流观摩会、首都生态文明宣传教育基地工作交流会、第七届中国生态文化高峰论坛、四川林业宣传暨生态文化建设工作会议、甘肃省林业厅"生态文明与文化建设"主题宣讲报告等，各会议诠释、讨论、部署等生态文化建设工作，为生态文明建设工作奠定基础。安徽省合肥滨湖国家森林公园与市教育局签订协议，将该园列为全市中小学生校外素质教育基地；淮南上窑国家森林公园充分发挥其"林业科普基地"、"国家生态文明教育基地"等荣誉，面向公众开展内容丰富、形式多样的科普宣传和科普服务。

第五章

目的地保护与管理

- 森林公园保护管理
- 湿地保护管理
- 自然保护区保护管理
- 生物多样性保护
- 古树名木保护

第五章 目的地保护与管理

2015年，全国各级林业部门积极探索保护森林等自然资源的途径，进一步强化行政许可事项办理、林地征占审查管理、植树造林与林相改造、监督检查等，加强森林等自然资源保护，为森林旅游的发展奠定了物质基础。

一、森林公园保护管理

（一）森林公园行政许可事项办理

依据坚持森林资源合理利用与保护并重的原则，2015年，全国各级林业部门进一步加强规范森林公园行政许可事项办理程序，国家林业局准予新设立39处国家级森林公园、14处国家级森林公园改变经营范围、3处国家级森林公园更名、3处国家级森林公园撤销，详见表5-1。对森林公园行政许可事项的办理，强化了森林公园的监管力度，是对森林公园保护行之有效的方法之一。

表5-1 2015年部分国家级森林公园行政许可事项

公园名称	变更日期	文件号	变更情况
内蒙古敕勒川国家森林公园	1月9日	林场许准[2015]6号	
内蒙古成吉思汗国家森林公园	1月9日	林场许准[2015]7号	
吉林红叶岭国家森林公园	1月9日	林场许准[2015]8号	
黑龙江桦川国家森林公园	1月9日	林场许准[2015]9号	
江苏天目湖国家森林公园	1月9日	林场许准[2015]10号	
山东章丘国家森林公园	1月9日	林场许准[2015]11号	
山东峄城古石榴国家森林公园	1月9日	林场许准[2015]12号	
山东棋山幽峡国家森林公园	1月9日	林场许准[2015]13号	
山东夏津黄河故道国家森林公园	1月9日	林场许准[2015]14号	
河南天目山国家森林公园	1月9日	林场许准[2015]15号	新设立
河南大苏山国家森林公园	1月9日	林场许准[2015]16号	
湖北西塞国家森林公园	1月9日	林场许准[2015]17号	
湖北岘山国家森林公园	1月9日	林场许准[2015]18号	
湖南永兴丹霞国家森林公园	1月9日	林场许准[2015]19号	
湖南齐云峰国家森林公园	1月9日	林场许准[2015]20号	
湖南四明山国家森林公园	1月9日	林场许准[2015]21号	
四川宣汉国家森林公园	1月9日	林场许准[2015]22号	
四川苍溪国家森林公园	1月9日	林场许准[2015]23号	

（续）

公园名称	变更日期	文件号	变更情况
四川沐川国家森林公园	1月9日	林场许准[2015]24号	新设立
贵州甘溪国家森林公园	1月9日	林场许准[2015]25号	
贵州油杉河大峡谷国家森林公园	1月9日	林场许准[2015]26号	
贵州黄果树瀑布源国家森林公园	1月9日	林场许准[2015]27号	
云南双江古茶山国家森林公园	1月9日	林场许准[2015]28号	
甘肃子午岭国家森林公园	1月9日	林场许准[2015]29号	
新疆乌鲁木齐天山国家森林公园	1月9日	林场许准[2015]30号	
新疆车师古道国家森林公园	1月9日	林场许准[2015]31号	
南京无想山国家森林公园	1月9日	林场许准[2015]32号	
山东茌平国家森林公园	1月20日	林场许准[2015]37号	
内蒙古绰尔大峡谷国家森林公园	12月29日	林场许准[2015]2121号	
四川鸡冠山国家森林公园	12月29日	林场许准[2015]2120号	
重庆毓青山国家森林公园	12月29日	林场许准[2015]2119号	
湖南沅陵国家森林公园	12月29日	林场许准[2015]2118号	
湖南嘉禾国家森林公园	12月29日	林场许准[2015]2117号	
湖南靖州国家森林公园	12月29日	林场许准[2015]2116号	
湖南北罗霄国家森林公园	12月29日	林场许准[2015]2115号	
湖北白竹园寺国家森林公园	12月29日	林场许准[2015]2114号	
河南云梦山国家森林公园	12月29日	林场许准[2015]2113号	
江苏黄海海滨国家森林公园	12月29日	林场许准[2015]2112号	
黑龙江双子山国家森林公园	12月29日	林场许准[2015]2111号	
安徽浮山国家森林公园	8月18日	林场许准[2015]735号	改变经营范围
吉林拉法山国家森林公园	10月26日	林场许准[2015]739号	
浙江青山湖国家森林公园	10月26日	林场许准[2015]740号	
新疆天山大峡谷国家森林公园	10月26日	林场许准[2015]919号	
新疆乌苏佛山国家森林公园	10月26日	林场许准[2015]918号	
新疆哈密天山国家森林公园	10月26日	林场许准[2015]917号	
湖南九嶷山国家森林公园	4月20日	林场许准[2015]227号	
贵州青云湖国家森林公园	1月4日	林场许准[2015]1号	
浙江遂昌国家森林公园	1月20日	林场许准[2015]38号	
四川剑门关国家森林公园	1月20日	林场许准[2015]39号	
山东伟德山国家森林公园	2月2日	林场许准[2015]41号	
内蒙古红山国家森林公园	3月24日	林场许准[2015]54号	
云南小白龙国家级森林公园	3月9日	林场许准[2015]44号	
辽宁本溪环城国家森林公园	8月3日	林场许准[2015]733号	

（续）

公园名称	变更日期	文件号	变更情况
湖南凤凰山国家森林公园	8月18日	林场许变[2015]4号	更名为湖南宁乡香山国家森林公园
江西毓秀山国家森林公园	12月29日	林场许变[2015]8号	更名为江西仰天岗国家森林公园
宁夏苏峪口国家森林公园	12月29日	林场许变[2015]9号	更名为宁夏贺兰山国家森林公园
福建龙湖山国家森林公园	12月29日	林场撤[2015]2号	
广东东海岛国家森林公园	12月29日	林场撤[2015]3号	撤销
河北石佛国家森林公园	12月29日	林场撤[2015]4号	

（二）森林公园林地征占的审查管理

各级森林旅游相关部门加强对国家林业局5月起实施的《建设项目使用林地审核审批管理办法》（国家林业局第35号令）等规范性文件的组织学习，对侵占森林公园林地、乱砍滥伐和非法采矿等违法行为严格把关，严厉打击非法占用森林公园林地的工程项目，逐渐完善各项目审核审批程序、内容和职责等。2015年，国家林业局国有林场和林木种苗工作总站森林旅游管理处严把审查关，确保各类项目建设不会对重要风景资源保护构成严重威胁，全年共办理占地审查78件。同时，各省（自治区、直辖市）开展征占用林地专项行动，加强对征占用林地的管理力度，有效保护和合理利用林地资源，河北省全年共完成256个建设项目使用林地审核审批，起哄工程建设项目239个，临时占用林地4个，直接为林业生产服务的设施项目13个；内蒙古自治区林业厅根据下发的《关于深入开展"清理整治破坏和非法占用林地专项行动"的通知》，将森林公园经营权非法承包、转让、改变隶属关系等作为重点清理整治内容；安徽省林业厅于4月发出《关于建立安徽省林业厅占用征收林地联席会议制度的通知》，要求所有占用林地项目都需经联席会议成员单位审核，本着"项目建设尽量少占或不占森林公园林地"的原则，2011–2015年共核减项目建设征占用森林公园林地500多亩。

（三）植树造林与林相改造力度

2015年，各地区进一步加强森林公园林木和景观资源的保护，全年全国共完成植树造林8.00万公顷，比2014年减少3.66万公顷，同比减少31.39%；2015年共安排资金3100万元用于林相改造项目，改造林相18.34万公顷，比2014年增加1.17万公顷，同比增加6.81%。2010–2015年全国森林公园植树造林、林相改造建设情况详见图5-1，2015年森林公园系统旅游景区植树造林、林相改造面积情况见表5-2。

分区域看，东部地区植树造林3.09万公顷，比2014年减少1.03万公顷，

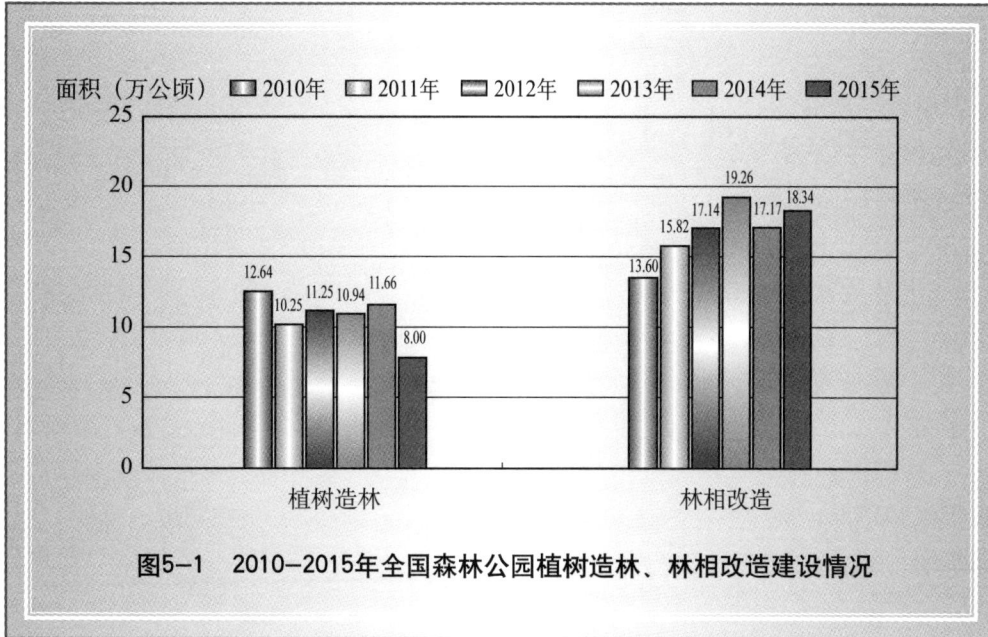

图5-1 2010—2015年全国森林公园植树造林、林相改造建设情况

表5-2 2015年森林公园系统旅游景区植树造林、林相改造面积一览

	植树造林（公顷）	林相改造（公顷）
森林公园	80000.00	183400.0
国家林木（花卉）公园	72.00	316.0
国家生态公园	367.67	600.3
合计	80439.67	184316.3

同比减少 25.00%，占全国造林面积的 38.62%；中部地区植树造林 1.88 万公顷，比 2014 年减少 0.11 万公顷，同比减少 5.53%，占全国造林面积的 23.50%；西部地区植树造林 2.38 万公顷，比 2014 年减少 0.21 万公顷，同比减少 8.11%，占全国造林面积的 29.75%；东北地区植树造林 0.65 万公顷，比 2014 年减少 2.31 万公顷，同比减少 78.04%，占全国造林面积的 8.13%，详见图 5-2。

分区域看，东部地区林相改造 5.17 万公顷，比 2014 年减少 0.27 万公顷，同比减少 4.96%，占全国林相改造的 28.19%；中部地区林相改造 4.38 万公顷，比 2014 年减少 0.75 万公顷，同比减少 14.62%，占全国林相改造的 23.88%；西部地区林相改造 4.55 万公顷，比 2014 年增加 1.86 万公顷，同比增长 69.14%，占全国林相改造的 24.81%；东北地区林相改造 4.24 万公顷，比 2014 年增加 0.33 万公顷，同比增长 8.44%，占全国林相改造的 23.12%，详见图 5-3。

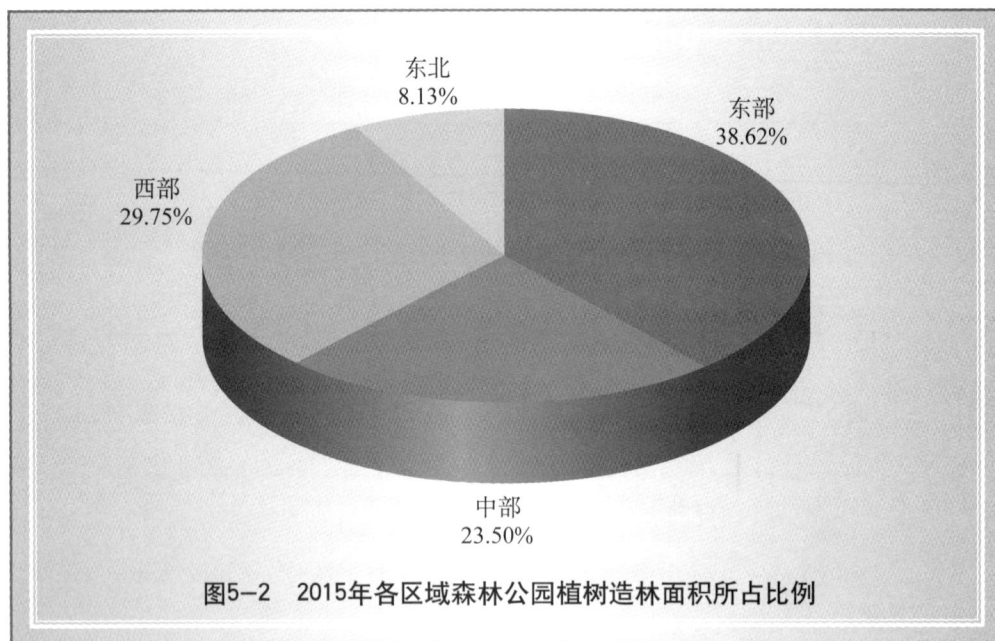

图5-2　2015年各区域森林公园植树造林面积所占比例

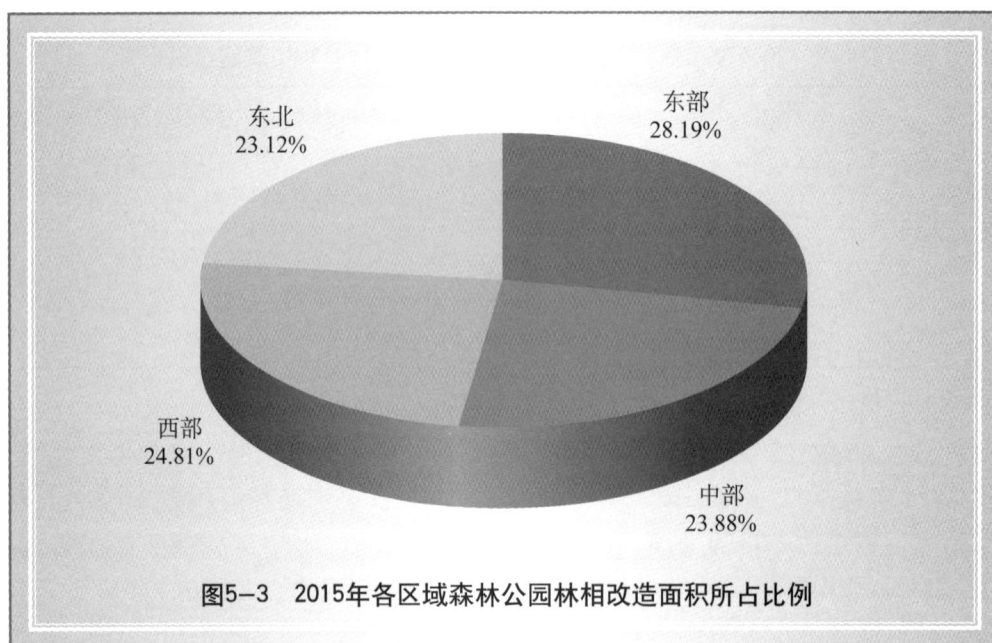

图5-3　2015年各区域森林公园林相改造面积所占比例

（四）加强森林公园监督检查工作

2015年，各级森林旅游相关单位深入落实学习《国家级森林公园监督检查办法》，组织开展各类专项监督检查工作，保障森林公园的健康稳定发展。北京、山西、内蒙古、浙江、安徽、江西、山东、河南、广东、贵州、云南、甘肃、重庆等省（自治区、直辖市）分别开展森林公园的监督检查工作（表5-3），

表5-3　2015年部分省（自治区、直辖市）开展的森林公园监督检查工作

序号	省份	森林公园监督检查内容
1	北京	年初，全市各森林公园对设立以来的建设情况开展自查自纠；8~10月，北京市园林绿化局成立专门工作小组，对部分森林公园开展了实地监督检查
2	山西	自5月起，山西省森林公园管理中心赴各森林公园进行为期4个月的大检查、大调研、大服务活动
3	内蒙古森工集团	5月10日至6月17日，内蒙古森工集团组织相关人员对林区8家国家森林公园进行了监督检查
4	浙江	浙江省认真组织开展全省森林公园监督检查工作，全省林业主管部门和森林公园经营管理机构的依法管理与建设的意识得到显著增强
5	安徽	安徽省林业厅于1月下发了《关于开展森林公园监督检查工作的通知》，要求各市首先认真开展自查，随后省林业厅进行抽查
6	江西	制定《江西省2015年森林公园监督检查项目实施方案》；完成《江西省国家重要森林风景资源保护目录（第一批）》编制工作
7	山东	山东省森林公园管理办公室于8月组织召开国家级森林公园监督检查工作部署会，会议组织学习了《山东省国家级森林公园监督检查工作方案》，对监督检查工作进行了全面部署
8	河南	按照国家林业局下发的《关于开展非法侵占林地清理排查专项活动的通知》精神，河南省高度重视，在积极组织督导组对国有林场进行清理排查的同时，对其范围内涉及的森林公园经营管理情况也进行了检查
9	广东	广东省于6月印发《关于做好森林公园环境保护工作的通知》，组织全省的国家级和省级森林公园开展环境保护执法检查
10	贵州	贵州省林业厅组织开展全省森林公园监督检查工作，对每个森林公园进行量化打分，对排名靠后且确实在建设管理方面存在重大缺失的森林林公园做出通报批评
11	云南	云南省持续开展森林公园监督检查，重点开展8个国家森林公园的实地检查
12	甘肃	根据国家林业局森林公园管理办公室《关于落实2014年度森林景观与生态文化资源保护本级项目的通知》，对10处国家森林公园、20处省级森林公园进行了全面彻底的监督检查
13	重庆	重庆市通过召开座谈会、赴森林公园实地调查、填写调查问卷等方式开展了全市森林公园监督检查，并印发了《关于开展全市森林公园监督检查工作的通知》（渝林产〔2015〕27号）

重点检查总体规划、管理机构、建设发展、资源保护、占用林地等情况，重点解决"批而不建"等问题，针对检查中发现的问题发出限期整改通知，同时，要求各公园管理部门认真落实主体责任，针对存在的问题积极整改，进一步规范和强化森林公园的建设与管理，提升了森林公园的管理水平，推动森林旅游业健康发展。

二、湿地保护管理

（一）加强湿地保护部署，提高湿地保护意识

党中央、国务院于 2015 年对湿地保护做出了一系列新部署，明确将"湿地面积不低于 8 亿亩"列为到 2020 年生态文明建设的主要目标之一，标志着湿地保护已成为党和国家战略；决定把"所有湿地纳入保护范围"，标志着我国湿地保护从抢救性保护进入全面保护的新阶段。

2015 年，国家林业局研究提出了《湿地保护管理中心承担生态文明体制改革重点任务实施方案》，就扩大湿地面积、开展湿地生态效益补偿和退耕还湿、建立湿地保护制度、开展湿地产权确权试点等提出了具体落实措施；国家林业局仍在进一步推进国家层面《湿地保护条例》的立法进程。同时，各省（自治区、直辖市）根据自身现状，完善湿地保护制度，青海省于 1 月在全国率先启动实施湿地生态管护员制度，旨在建立一支"牧民为主、专兼结合、管理规范、保障有力"的湿地生态管护员队伍；为进一步加强湿地与野生动物保护工作，天津市滨海新区于 10 月出台了《天津市滨海新区湿地与野生动物保护工程实施方案》，明确了湿地保护的目标和任务。黄河湿地保护网络年会暨黄河湿地保护培

专栏8　《天津市滨海新区湿地与野生动物保护工程实施方案》目标

1.建成三个基地：京津冀青少年科普教育基地、志愿者生物多样性保护基地、摄影爱好者活动基地。

2.湿地监控监测：搭建湿地资源和野生动植物基础信息库，实时监控湿地资源动态变化、自然灾害、野生动物迁徙、疫病等情况，实现湿地和野生动植物保护科学监测分析、预警决策。

3.湿地保护修复：实施湿地修复工程，持续恢复生态系统，提高湿地生态系统自我修复能力；同时，控制沿海滩涂土地开发利用。

4.野生动物保护：建立11个监测管理站，修建瞭望塔11个，开展野生动物常态化巡护，掌握野生动物活动情况；配备基础设施和救护物资，修建笼（棚）舍；组织清网行动和联合执法检查，打击破坏湿地生境和滥捕滥猎野生动物等违法行为等。

训班通过了《黄河流域湿地保护网络章程》（以下简称《章程》）和黄河湿地网络成员名单，《章程》规定黄河湿地网络成员由黄河流域 9 省（自治区）的湿地管理机构、湿地保护区、湿地公园、湿地研究单位、湿地保护社会团体等组成，明确了黄河湿地网络的主要任务，加快了黄河流域湿地保护的步伐。

此外，各级湿地保护组织机构通过各类会议与活动，部署湿地保护工作，提高人们的湿地保护意识。湖南省野生动植物和湿地保护管理工作会议、云南省湿地保护专家委员会第一次会议、青海省湿地保护协会常务理事会、湿地学校网络暨黄渤海湿地保护网络交流会等各类会议对湿地保护工作进行交流、部署；湿地保护专题讲座、湿地环境教育课程等活动使人们认识到湿地保护的重要性。

（二）加大湿地保护投资力度，实施湿地保护与恢复项目

"十二五"期间（2010–2015 年），中央共安排财政资金 40.5 亿元，实施湿地补贴项目 965 个。2015 年，中央财政进一步加大对湿地保护的支持力度，安排湿地补贴 16 亿元（湿地保护与恢复支出 6.8 亿元、退耕还湿支出 1.15 亿元、湿地生态效益补偿支出 4.05 亿元、湿地保护奖励支出 4 亿元，各湿地补贴类别所占比例详见图 5-4），实施湿地补贴项目 336 个。

中央对湿地保护的财政支持，奠定了湿地保护与恢复项目的基础，"十二五"期间湿地保护与恢复项目累计完成中央预算内投资 15 亿元，其中：林业投资 11.90 亿元，林业湿地保护工程项目 179 个。2015 年，安排湿地保护与恢复工程项目 48 个，下达中央预算内投资 2.37 亿元；中国在黄河流域安排 18 个湿地保护工程和项目，中央预算内投资 7321 万元；在黄河流域安排湿地保护

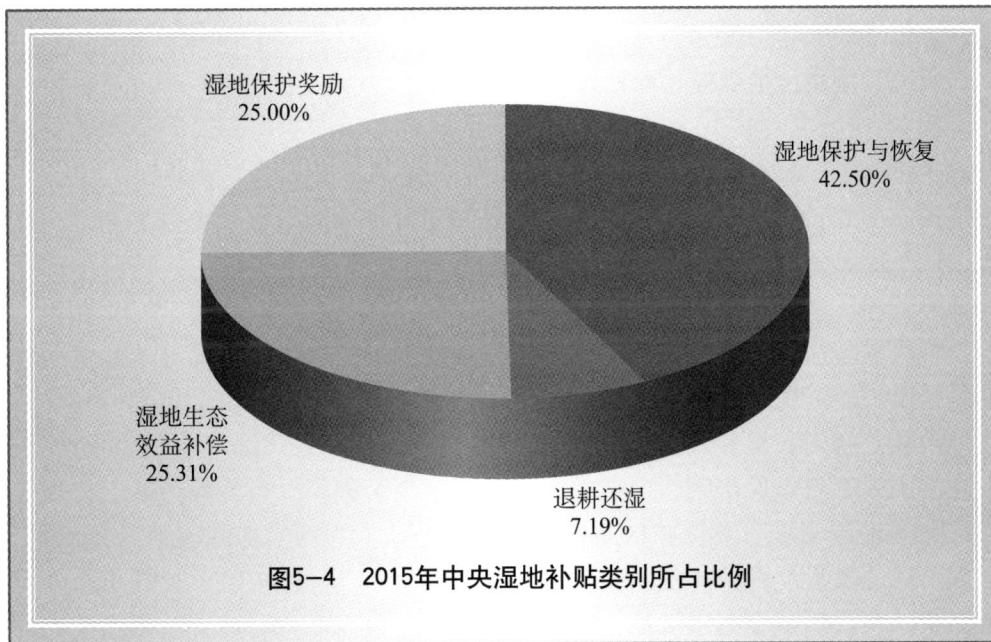

图5-4 2015年中央湿地补贴类别所占比例

与恢复、湿地生态效益补偿试点、退耕还湿试点、湿地保护奖励等补贴项目111个，中央财政投资5.12亿元。此外，部分部门开展了湿地保护与恢复工程、湿地补贴项目监测评估，举办了湿地保护与恢复工程、湿地补贴项目培训班。

（三）进一步深化调查监测

一是切实用好第二次全国湿地资源调查成果，组织开展了《中国湿地资源》系列图书的编写，已初步完成《总论》和31本《分卷》的编撰，完成了湿地资源信息系统建设和电子地图编写，调查成果为湿地保护相关重大规划编制、重大政策制定提供了强有力支撑；第二次调查荣获"梁希奖二等奖"，组织参评"国家科学技术进步奖"。二是指导吉林、辽宁省完成了泥炭沼泽碳库调查，部署开展了黑龙江省的调查工作。三是开展了湿地生态系统健康、功能和价值评价工作，在京津冀地区评价19处重要湿地，为湿地协同保护打好基础。

（四）打击破坏湿地资源的行为

2015年，国家林业局认真指导各地抓好《湿地保护管理规定》的落实，规范湿地保护利用行为，遏制湿地的流失与破坏。国家林业局于5月印发《国家林业局关于严格禁止围垦占用湖泊湿地的通知》（以下简称《通知》），部署调查围垦湖泊湿地的情况，有针对性开展专项打击行动；《通知》要求省级林业主管部门部署开展打击围垦占用湖泊湿地行为的专项行动，并要求各省林业部门于12月底之前上报专项打击行动开展情况。国家林业局湿地保护管理中心全年共办理50件建议提案，对于湿地保护立法、湿地生态效益补偿等涉及湿地制度建设的建议提案，认真研究吸取，直接落实到具体工作中。此外，地方相关部门也开展了打击破坏湿地资源行为的专项活动，根据《甘州区安全生产委员会关于立即组织开展安全生产大检查的紧急通知》，甘肃省甘州区加强湿地巡查力度，强化红线安全意识。

（五）重要湿地规模逐渐壮大

截至2015年年底，全国林业部门已批准建立不同类型、不同级别的湿地公园1263个，总面积约357.8万公顷，保护湿地面积235.1万公顷。2015年新增国家湿地公园（试点）137个，面积44.1万公顷，新增湿地保护面积30.0万公顷；验收国家湿地公园46个（表5-4），面积34.5万公顷，保护湿地面积21.3万公顷。

各级重要湿地旨在保护和合理利用湿地资源，随着各级重要湿地数量的增加，受保护的湿地规模逐渐壮大。我国自1992年加入《湿地公约》，共有49块湿地被列入《国际重要湿地名录》中，总面积400多万公顷，2015年新增安徽升金湖国家级自然保护区、广东南澎列岛海洋生态国家级自然保护区、甘肃张掖黑河湿地国家级自然保护区3处国际重要湿地。为切实加强湿地资源保护，根据《河北省湿地保护规定》有关规定，河北省于3月公布了首批省级重要湿地名录，将昌黎黄金海岸湿地、白洋淀湿地、北戴河沿海湿地、沧州南大港湿

表5-4　2015年验收的46个国家湿地公园名录

湿地公园名称	湿地公园面积（hm²）	公园内湿地面积（hhm²）	湿地类型	批准年度	验收年度
河北北戴河国家湿地公园	307	164	滨海	2010	2015
辽宁铁岭莲花湖国家湿地公园	2442	1500	人工	2007	2015
辽宁辽中蒲河国家湿地公园	8142	5272	河流、沼泽	2012	2015
黑龙江太阳岛国家湿地公园	12408	8143	河流	2008	2015
黑龙江泰湖国家湿地公园	1365	1081	沼泽	2010	2015
上海崇明西沙国家湿地公园	363	359	滨海	2011	2015
浙江丽水九龙国家湿地公园	1416	520	河流	2008	2015
浙江诸暨白塔湖国家湿地公园	856	425	湖泊	2009	2015
浙江衢州乌溪江国家湿地公园	12399	2827	人工	2009	2015
浙江长兴仙山湖国家湿地公园	2638	1637	湖泊	2009	2015
安徽迪沟国家湿地公园	2800	1900	河流	2008	2015
安徽淮南焦岗湖国家湿地公园	3267	3126	湖泊	2009	2015
安徽太湖花亭湖国家湿地公园	21841	10000	湖泊	2009	2015
安徽太和沙颍河国家湿地公园	714	665	河流	2009	2015
福建长乐闽江河口国家湿地公园	282	258	滨海	2008	2015
江西东江源国家湿地公园	2676	547	河流	2008	2015
江西丰城药湖国家湿地公园	2560	2150	湖泊	2009	2015
江西南丰傩湖国家湿地公园	1727	373	人工	2009	2015
江西修河源国家湿地公园	4342	3577	河流	2010	2015
山东马踏湖国家湿地公园	1021	1018	沼泽	2010	2015
山东蟠龙河国家湿地公园	565	298	河流	2010	2015
山东寿光滨海国家湿地公园	945	607	人工	2011	2015
山东潍坊白浪河国家湿地公园	713	264	河流	2012	2015
河南郑州黄河国家湿地公园	1359	457	河流	2008	2015

（续）

湿地公园名称	湿地公园面积（hm²）	公园内湿地面积（hhm²）	湿地类型	批准年度	验收年度
河南淮阳龙湖国家湿地公园	519	431	湖泊	2009	2015
湖北蕲春赤龙湖国家湿地公园	6667	3533	湖泊	2009	2015
湖北赤壁陆水湖国家湿地公园	11800	6046	湖泊	2009	2015
湖北麻城浮桥河国家湿地公园	9400	3596	库塘	2010	2015
湖北宜都天龙湾国家湿地公园	1240	461	河流	2010	2015
湖南宁乡金洲湖国家湿地公园	1838	1377	河流	2009	2015
湖南五强溪国家湿地公园	20614	19789	河流	2010	2015
湖南吉首峒河国家湿地公园	9253	2850	人工	2009	2015
广东乳源南水湖国家湿地公园	6284	4010	人工	2009	2015
广东广州海珠国家湿地公园	869	477	滨海	2012	2015
重庆云雾山国家湿地公园	402	132	河流	2009	2015
重庆酉水河国家湿地公园	2891	2078	河流	2009	2015
四川构溪河国家湿地公园	3015	1808	河流	2010	2015
云南洱源西湖国家湿地公园	1354	353	湖泊、沼泽	2009	2015
西藏多庆错国家湿地公园	32720	26198	湖泊	2009	2015
西藏当惹雍错国家湿地公园	138174	86269	湖泊	2010	2015
西藏嘉乃玉错国家湿地公园	3505	1264	湖泊	2010	2015
陕西三原清峪河国家湿地公园	1070	877	河流	2008	2015
陕西蒲城卤阳湖国家湿地公园	1470	1470	湖泊	2008	2015
陕西铜川赵氏河国家湿地公园	1315	797	河流	2009	2015
陕西宁强汉水源国家湿地公园	1509	1081	河流	2009	2015
陕西旬邑马栏河国家湿地公园	2020	1190	河流	2010	2015

专栏9 国务院办公厅关于调整河北昌黎黄金海岸等6处国家级自然保护区的通

国办函〔2015〕138号

河北省、内蒙古自治区、辽宁省、湖南省、广西壮族自治区、重庆市人民政府，环境保护部、林业局：

《环境保护部关于调整河北昌黎黄金海岸等6处国家级自然保护区范围的请示》（环发〔2015〕137号）收悉。经国务院批准，现通知如下：

一、国务院同意调整河北昌黎黄金海岸、内蒙古西鄂尔多斯、辽宁努鲁儿虎山、湖南乌云界、广西防城金花茶和重庆大巴山国家级自然保护区的范围和功能区划。调整后保护区的面积、范围和功能分区等由环境保护部予以公布。

二、有关地区要按照批准的调整方案组织勘界，落实自然保护区土地权属，并在规定的时限内标明区界，予以公告。

三、有关地区和部门要严格执行《中华人民共和国自然保护区条例》和《国家级自然保护区调整管理规定》等有关规定，切实加强对自然保护区工作的领导、协调和监督，妥善处理好自然保护区管理与当地经济建设及居民生产生活的关系，确保各项管理措施得到落实。

国务院办公厅
2015年11月19日

地、张家口坝上湿地、衡水湖湿地、曹妃甸南堡湿地、海兴湿地、黄骅滨海湿地、永年洼湿地、围场坝上湿地、滦河河口湿地等12块湿地列入首批省级重要湿地。根据《江西省湿地保护条例》的有关规定，江西省林业厅公布了《江西省第一批省重要湿地名录》，共有青山湖湿地、瑶湖湿地、军山湖湿地、青岚湖湿地、赛城湖湿地、太泊湖湿地、芳湖湿地、赤湖湿地、蓼花池湿地、下巢湖湿地、柘林水库湿地、共产主义水库湿地、大塘坞水库（鸳鸯湖）湿地、万安水库湿地、洪门水库湿地、江口水库（仙女湖）湿地、锅底潭水库湿地等44处湿地。

三、自然保护区保护管理

（一）办理自然保护区行政许可事项

2015年，各有关地区和部门严格执行《中华人民共和国自然保护区条例》和《国家级自然保护区调整管理规定》等有关规定，切实加强对自然保护区工作的领导、协调和监督，妥善处理自然保护区管理与当地经济建设及居民生产生活的关系。国务院于 11 月同意调整河北昌黎黄金海岸、内蒙古西鄂尔多斯、辽宁努鲁儿虎山、湖南乌云界、广西防城金花茶和重庆大巴山 6 处国家级自然保护区的范围和功能区划。

（二）加强自然保护区保护监督检查工作

为进一步加强对涉及自然保护区开发建设活动的监督管理，严肃查处各种违法违规行为，国家林业局、环境保护部等 10 部委于 5 月发布《关于进一步加强涉及自然保护区开发建设活动监督管理的通知》，要求相关部门：（1）切实提高对自然保护区工作重要性的认识；（2）严格执行有关法律法规；（3）抓紧组织开展自然保护区开发建设活动专项检查；（4）坚决整治各种违法开发建设活动；（5）加强对涉及自然保护区建设项目的监督管理；（6）严格执行自然保护区范围和功能区调整；（7）完善自然保护区管理制度和政策措施。

为深入贯彻落实国家林业局《开展全国林业系统国家级自然保护区监督检查专项行动的通知》精神，河北与湖北两省开展自然保护区的监督检查工作。河北省塞罕坝国家级自然保护区开展监督检查非法占地专项行动，整治非法侵占自然保护区土地等违法违规现象，依法加强自然保护区管理；湖北省于 12 月举办全省自然保护区与极小种群保护工作座谈会，要求各地要充分认清当前工作面临的形势与任务，客观正视湖北省自然保护区建设存在的不足，从"扩面、提质、增效"上下工夫，谋划好保护区的建设和发展。

（三）做好"三防"工作

自然保护区的"三防"工作主要是指严厉打击盗杀野生动植物行为、防火、防病虫害。2015 年，黑龙江、湖北、甘肃等省加强对野生动植物保护；内蒙古、黑龙江、江西、山东、湖北等省（自治区）努力抓好森林防火工作；河北、辽宁、黑龙江、山东等省积极采取措施加强森林病虫害防治。

四、生物多样性保护

2015 年，河南、云南、青海 3 省开展与生物多样性保护相关的会议活动，使人们充分认知生物多样性的重要性，提高生物多样性保护意识。

1. 河南省纪念国际生物多样性日座谈会

河南省环境保护厅于 5 月组织召开纪念国际生物多样性日座谈会，会议要求各部门加强协作，以《河南省生物多样性保护战略与行动计划》为依据，切实保护好河南生物物种资源。

2. 云南省生物多样性保护宣传周

西南林业大学、云南农业大学、云南民族大学、云南开放大学 4 所大学于 5 月共同组织开展了云南首届大学生生物多样性保护宣传周活动，让更多学生认识生物多样性与人类生活的关系，深刻理解生物多样性是人类生存和实现可持续发展必不可少的基础。

3．青海省生物多样性保护会议

为了积极推进将青海省自然保护区体系和生物多样性保护目标纳入省级发展和相关行业"十三五"规划中，青海省林业厅于 2 月与各部门通过讨论交流，充分认识到将保护区体系及生物多样性保护目标纳入省级发展和部门规划的重要性。

五、古树名木保护

古树名木是森林资源中的瑰宝，是自然界的"活文物"，具有生态、经济、旅游休闲观赏的价值。2015 年，辽宁、陕西、内蒙古、江西、江苏等省（自治区、直辖市）对古树名木进行调查、挂牌、保护或宣传等，营造全社会关心、重视、保护古树名木的良好氛围。辽宁省在全省范围内积极开展古树名木调查工作，使全社会进一步认识和保护古树，弘扬了生态文明，唤醒了人们的生态意识。江苏盱眙县每年为全县百年以上古树名木发放管护补助资金，用于日常养护；江西南丰县编印了图文并茂的《南丰古树名木》，对全县古树名木实行挂牌保护并设立保护标牌，建立管护机制和古树名木认养制度，重点落实古树名木的监护权；从 2015 年开始，陕西西安开始实施林业有害生物防控体系建设 。

第六章

产业发展

- 游客人数和产值
- 就业增收能力

第六章　产业发展

2015 年，在各级林业部门的共同努力下，全国森林旅游表现出良好的发展态势，从业人员规模逐步扩大，游客数量不断增加，森林旅游进一步促进了区域经济发展和就业增收能力。

一、游客人数和产值

以全国森林公园、湿地公园等为基础统计，森林旅游直接收入 1000 亿元，同比增长 21.21%，创造社会综合产值 7800 亿元，约占 2015 年国内旅游消费（34800亿）的 22.41%，同比增长 20.00%；全年接待游客约 10.5 亿人次，约占国内旅游人数（40 亿人次）的 26.25%，同比增长 15.38%；森林旅游管理和服务的人员数量达 24.5 万人，其中导游和解说员近 3.8 万人（表 6-1）。

表6-1　2015年主要森林资源景区产业发展一览

类别	总计	森林公园	湿地公园	其他
游客数量（人次）	10.50	7.95	1.18	1.37
旅游收入（亿元）	1000.00	705.60	52.98	241.42

（一）森林公园

1．旅游收入

2015 年，全国森林公园创造的社会综合产值近 870.97 亿元，全国森林公园旅游收入总额达 705.60 亿元，比 2014 年增加 133.47 亿元，同比增长 23.33%。其中，门票收入 134.86 亿元，比 2014 年增加 27.30 亿元，同比增长 25.38%，占全国森林公园总收入 19.11%；食宿收入 308.99 亿元，比 2014 年增加 48.14 亿元，同比增长 18.46%，占全国森林公园总收入的 43.79%；娱乐收入 52.53 亿元，比2014 年增加 1.69 亿元，同比增长 3.32%，占全国森林公园总收入的 7.45%；其他收入 209.22 亿元，比 2014 年增加 56.33 亿元，同比增长 36.84%，占全国森林公园总收入的 29.65%，详见图 6-1。2013–2015 年全国森林公园旅游收入情况，详见图 6-2；2015 年全国森林公园旅游收入（省份、森工集团）排名名单详见表 6-2。

2．游客人数

截至 2015 年年底，全国森林公园游客总人数达 7.95 亿人次，比 2014 年增加 0.85 亿人次，同比增加 11.97%，占国内旅游人数（40 亿人次）的 19.88%。其中，接待海外游客 0.14 亿人次，与 2014 年相等，占全国森林公园游客总人数的 1.76%。2015 年全国森林公园游客总数(省份、森工集团)排名名单详见表 6-3，

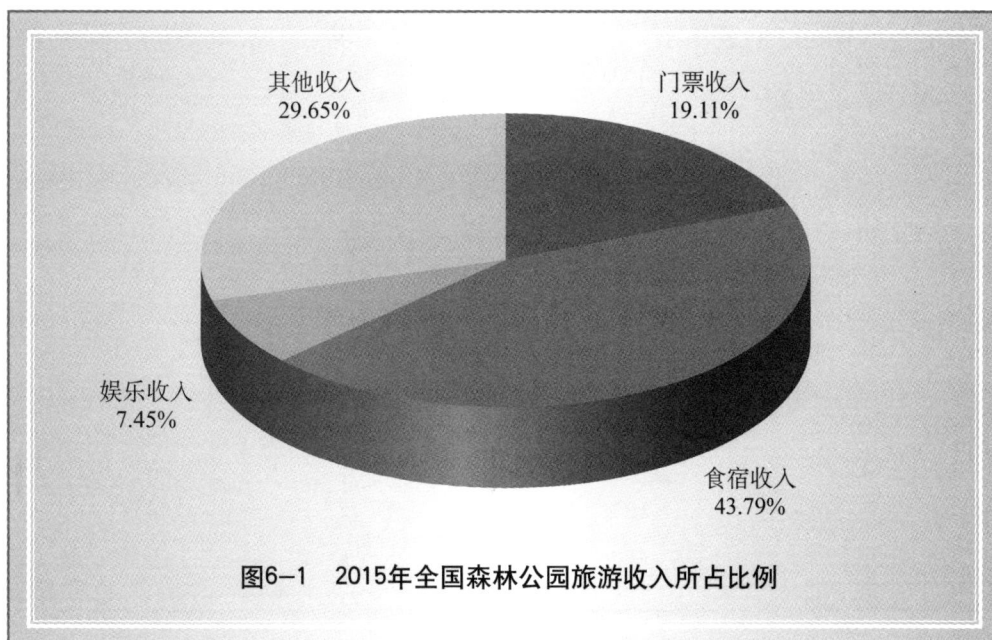

图6-1　2015年全国森林公园旅游收入所占比例

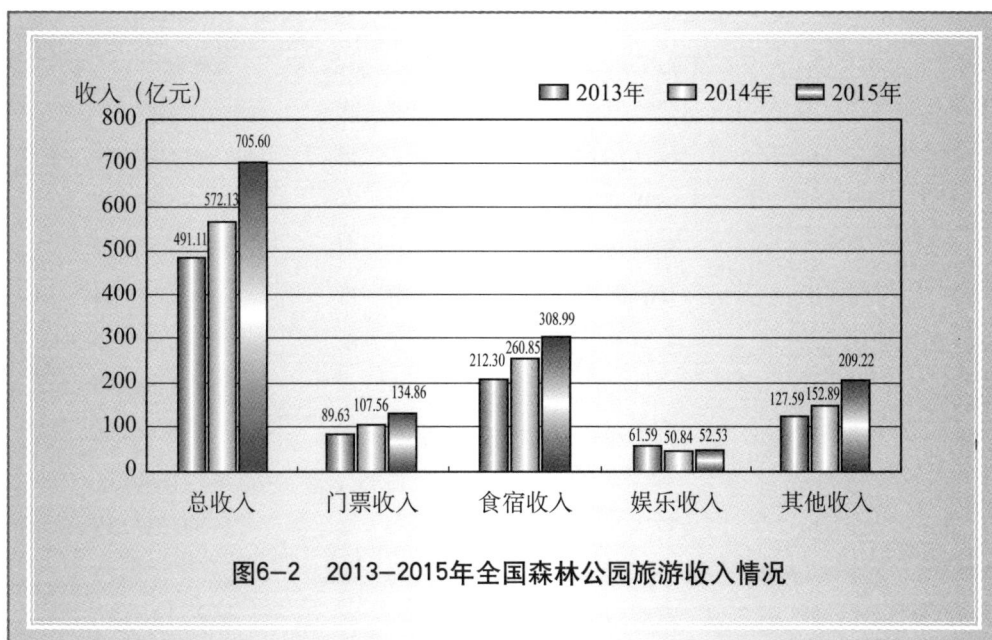

图6-2　2013-2015年全国森林公园旅游收入情况

表6-2　2015年全国森林公园旅游收入（省份、森工集团）排名名单

序号	地区	旅游收入（亿元）	序号	地区	旅游收入（亿元）
1	浙 江	205.37	19	安 徽	7.14
2	江 西	79.34	20	内蒙古森工	7.09
3	重 庆	48.63	21	陕 西	7.08
4	贵 州	43.95	22	黑龙江	6.10

（续）

序号	地区	旅游收入（亿元）	序号	地区	旅游收入（亿元）
5	四 川	42.91	23	海 南	4.38
6	湖 南	32.99	24	北 京	3.12
7	广 东	27.90	25	新 疆	3.10
8	吉 林	25.65	26	云 南	2.47
9	山 东	21.92	27	甘 肃	1.14
10	广 西	21.38	28	青 海	1.08
11	江 苏	20.86	29	上 海	1.01
12	湖 北	16.98	30	内蒙古	0.94
13	龙江森工	16.15	31	西 藏	0.66
14	河 北	12.37	32	宁 夏	0.52
15	辽 宁	11.95	33	吉林森工	0.36
16	河 南	11.12	34	天 津	0.20
17	山 西	9.94	35	大兴安岭	0.16
18	福 建	9.62			

表6-3 2015年全国森林公园游客总数（省份、森工集团）排名名单

序号	地区	旅游收入（亿元）	序号	地区	旅游收入（亿元）
1	广 东	14795.01	19	新 疆	1029.06
2	江 西	6226.60	20	云 南	1003.54
3	浙 江	6098.47	21	北 京	898.77
4	江 苏	5749.19	22	广 西	896.17
5	重 庆	5564.00	23	甘 肃	749.84
6	山 东	4324.90	24	黑龙江	697.99
7	湖 南	3983.40	25	龙江森工	547.97
8	贵 州	3316.70	26	上 海	545.96
9	河 南	2874.02	27	内蒙古	401.11
10	四 川	2734.71	28	青 海	329.10
11	湖 北	2634.01	29	海 南	250.67
12	山 西	2423.24	30	宁 夏	214.10
13	辽 宁	2308.72	31	内蒙古森工	118.61
14	福 建	2271.94	32	西 藏	51.17
15	安 徽	1976.05	33	天 津	32.00
16	河 北	1698.18	34	吉林森工	31.88
17	陕 西	1433.98	35	大兴安岭	15.60
18	吉 林	1285.31			

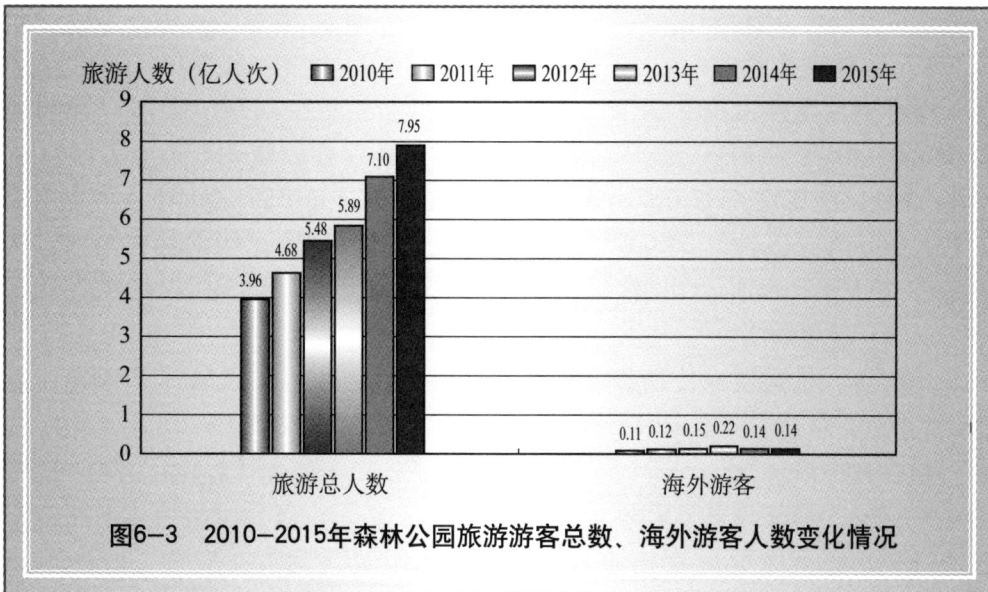

图6-3　2010－2015年森林公园旅游游客总数、海外游客人数变化情况

2010－2015年森林公园旅游游客总数及海外游客人数变化情况详见图6-3。

3. 旅游从业人员

截至2015年年底，全国森林公园旅游从业人员达18.90万人，比2014年增加0.15万人，同比增长0.80%。其中，从事管理与服务的职工17.23万人，占全国森林公园旅游从业人员总数的91.16%，比2014年增加0.26万人，同比增长1.53%；导游人员1.67万人，占全国森林公园旅游从业人员总数的8.84%，比2014年减少0.11万人，同比减少6.18%；社会旅游从业人员84.42万人，比2014年增加5.16万人，同比增长6.51%。2011－2015年全国森林公园旅游从业

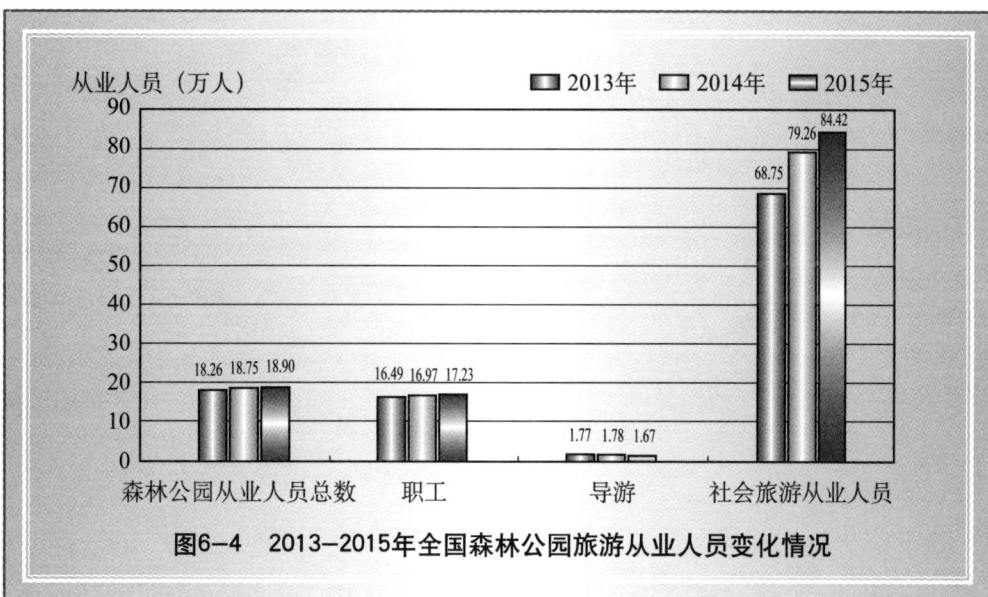

图6-4　2013－2015年全国森林公园旅游从业人员变化情况

人员变化情况详见图 6-4。

4．公益性开放

据不完全统计，2015 年全国有 976 处森林公园免收门票，比 2014 年增加 65 处，同比增长 7.14%；其中免收门票的国家级森林公园 217 处，比 2014 年增加 23 处，同比增长 11.86%。享受免费服务的游客达 1.91 亿人次，占本年度森林公园游客总人数的 24.03%，其中享受免费服务的国家级森林公园游客达 7486.47 万人次，占本年度国家级森林公园游客总人数的 16.63%。

（二）湿地公园

2015 年，全国湿地公园收入总额约为 95.63 亿元，全国湿地公园旅游收入总额约为 52.98 亿元，比 2014 年增加 7.07 亿元，同比增长 15.40%。其中，景区门票收入 10.15 亿元，占全国湿地公园旅游总收入的 19.16%，比 2014 年增加 0.66 亿元，同比增长 6.95%；食宿收入 22.46 亿元，占全国湿地公园旅游总收入的 42.39%，比 2014 年增加 1.47 亿元，同比增长 7.00%；其他收入 20.37 亿元，占全国湿地公园旅游总收入的 38.45%，比 2014 年增加 4.94 亿元，同比增长 32.02%，详见图 6-5。游客总人数达 1.18 亿人次，比 2014 年增加 0.08 亿人次，同比增长 7.27%，其中海外游客人数达 0.04 亿人次。景区职工总数达 18123 人，其中：正式职工 11660，占总职工人数的 64.34%；临时职工 6463，占职工人数的 35.66%。景区导游和解说员 1640 人，占职工总数的 9.05%。

（三）沙漠公园

2015 年，沙漠公园景区年收入 6.03 亿元，比 2014 年增加 3.06 亿元，同比增长 103.03%。沙漠公园景区旅游年收入 2.83 亿元，其中，门票收入 1.58 亿元，占

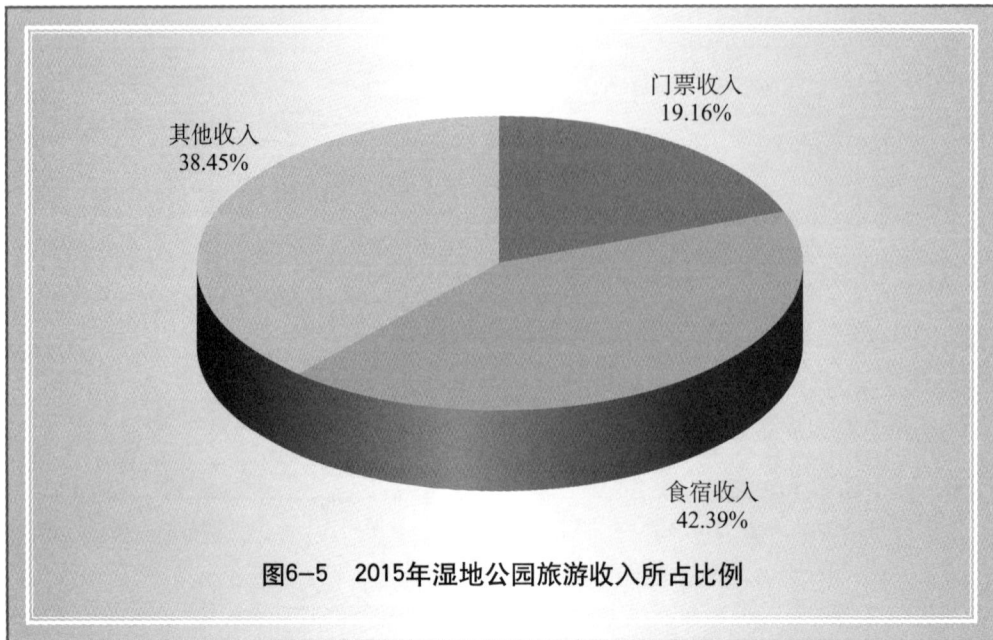

门票收入
19.16%

其他收入
38.45%

食宿收入
42.39%

图6-5　2015年湿地公园旅游收入所占比例

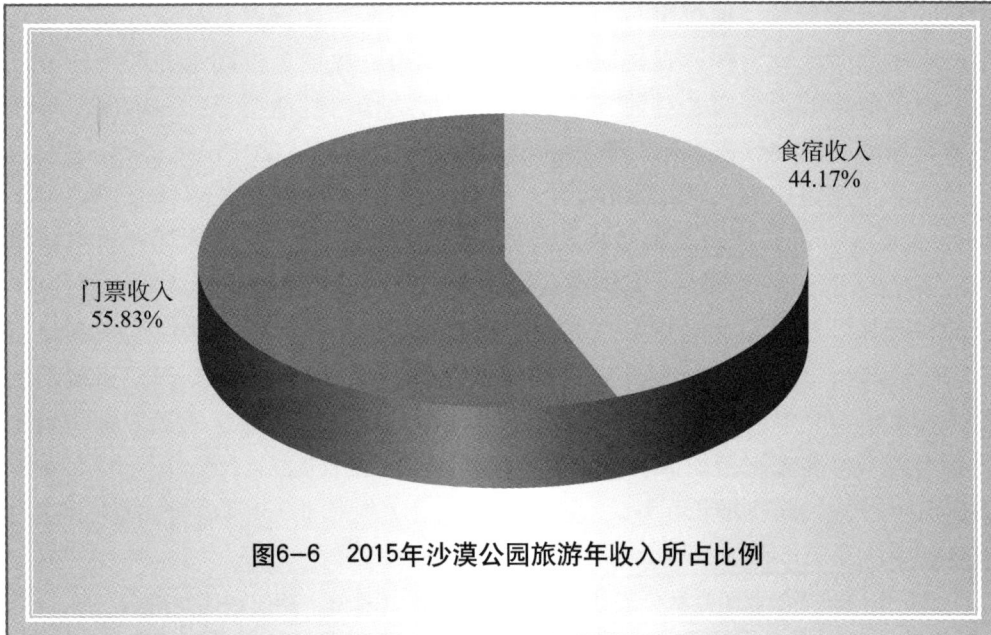

图6-6　2015年沙漠公园旅游年收入所占比例

景区旅游年收入的55.83%；食宿收入1.25亿，占景区旅游年收入的44.17%(图6-6)。沙漠公园景区接待游客数量达405.23万人次，比2014年增加206.63万人次，同比增长104.04%；其中，海外游客4.41万人次，占沙漠公园游客总人数的1.09%。沙漠公园景区职工总数2642人，其中导游和解说员168人，占职工总人数的6.36%。

（四）其他森林旅游产业

2015年，新建3处国家林木(花卉)花园，国家林木(花卉)公园总数达8处；新建11处国家生态公园试点，国家生态公园试点总数达14处。国家林木（花卉）公园与国家生态公园总收入达4.06亿元，旅游收入达3.78亿元；接待游客1002.19万人次，其中海外游客达3.16万人次；职工总数1265人，其中导游82人，社会旅游从业人员达8417人，详见表6-4。

二、就业增收能力

2015年，国务院启动实施了旅游扶贫工程，在全国选取2000个建档立卡贫

表6-4　2015年其他森林旅游产业发展情况一览

类别	收入（万元）	旅游收入（万元）	门票（万元）	食宿（万元）	娱乐（万元）	其他（万元）	游客（万人次）	海外游客（万人次）	职工（人）	导游（人）	社会旅游从业人员（人）
国家林木（花卉）公园	33722.06	31992.06	14260.57	6067.00	1996.00	9668.49	569.70	2.66	520	55	7000
国家生态公园	6866.75	5817.84	517.00	3875.70	1107.40	317.74	432.49	0.50	745	27	1417
合计	40588.81	37809.90	14777.57	9942.70	3103.40	9986.23	1002.19	3.16	1265	82	8417

困村实施旅游扶贫，通过整合利用扶贫、涉农资金，推进旅游扶贫工作。近几年，森林旅游已成为林区农民脱贫增收的新渠道，更成为推动地方经济转型升级、促进消费的新引擎，对地方社会经济的带动作用日益明显。森林旅游不仅给林农带来了直接收入，同时带来的间接效益更加明显。2015 年，浙江省农村住户从森林旅游中收入达 116.9 亿元，占林业总收入的 8.9%，森林旅游吸纳了 2.4 万人就业，森林旅游经营净收入及务工纯收入占农村居民收入的比重不断提升。"森林人家"不仅解决了保护与利用的矛盾，还培养了林业经济新的增长点，推动和谐林区建设，造福林农，解决了林农的生活出路问题，实现了一部分林农的脱贫致富。截至 2015 年年底，福建省森林人家授牌点近 400 户，星级以上森林人家达 150 户，年均接待游客达 1000 多万人次，收入达 9 亿元，解决当地就业人数 1 万多人。全国森林公园社会旅游从业人员约 84.42 万人，比 2014 年增加 5.16 万人，同比增长 6.51%，森林公园社会旅游从业人员（省份、森工集团）排名名单详见表 6-5。

表6-5 2015年全国森林公园社会旅游从业人员（省份、森工集团）排名名单

序号	地区	社会旅游从业人员（人）	序号	地区	社会旅游从业人员（人）
1	山 东	174083	19	内蒙古森工	14342
2	河 北	77649	20	辽 宁	14176
3	浙 江	75355	21	北 京	13000
4	河 南	43729	22	甘 肃	6388
5	广 东	42652	23	云 南	6381
6	陕 西	40174	24	新 疆	6274
7	湖 南	38278	25	内蒙古	5833
8	江 西	35536	26	黑龙江	4452
9	湖 北	34855	27	广 西	4193
10	安 徽	25595	28	青 海	3041
11	四 川	25327	29	天 津	3000
12	吉 林	24885	30	海 南	2642
13	贵 州	23159	31	上 海	893
14	山 西	20563	32	吉林森工	554
15	重 庆	20300	33	西 藏	541
16	江 苏	18584	34	宁 夏	487
17	福 建	18517	35	大兴安岭	321
18	龙江森工	18482			

第七章

人才培训

- 全国层面
- 省级层面

第七章 人才培训

2015年，各级林业部门从不同层面、不同内容加强对森林旅游从业人员的业务培训，森林旅游从业人员素质显著提高，为森林旅游的优质发展奠定了基础。

一、全国层面

2015年国家层面举办的森林等自然资源旅游行业人才培训情况见表7-1。

1.森林公园

国家级森林公园管理高级研修班 国家林业局国有林场和林木种苗工作总站于4月在合肥举办国家级森林公园管理高级研修班，来自29个省（自治区、直辖市）、3个森工集团公司森林公园主管处（室）300余人共谋森林公园建设发展之路。研修班课程不仅围绕国家级森林公园行政审批、国家级森林公园管理和总体规划编制、建设项目使用国家级森林公园林地审查的政策规定进行了解读，还采取课堂讲授和现场教学相结合的方式重点探究合肥滨湖国家级森林公园的创建、发展、公益性开发与市场化运营模式，为各地申报国家级森林公园提供样板，提高森林公园建设和管理水平，更好地发挥森林公园在促进生态文明建设中的重要作用。

表7-1 2015年国家层面森林等自然资源旅游行业人才培训一览

类别	培训班名称	培训时间
森林公园	国家级森林公园管理高级研修班	4月
	森林公园建设管理研讨班	5月
	国家级森林公园生态文化建设研讨班	5月
	首届国家级森林公园解说员培训班	11月
	2015国家级森林公园主任培训班	12月
	森林旅游信息管理培训班	12月
湿地	国际重要湿地管理培训班	6月
	京津冀湿地生态系统评价培训会	6月
	长江湿地保护网络年会暨湿地保护恢复培训班	10月
	黄河湿地保护网络年会暨黄河湿地保护培训班	8月
自然保护区	全国野生动植物保护管理培训班	11月
其他	生物多样性保护培训班	9月
	全国古树名木资源普查业务培训研讨班	12月

森林公园建设管理研讨班　国家林业局于5月在江苏省苏州市高新区举办森林公园建设研讨班。会议结合国家级森林公园管理实践，采取国家级森林公园建设管理实践课堂研讨、中国森林风景资源评价委员会专家点评、江苏大阳山国家森林公园建设管理现场教学以及对有关法规专题学习等多种研讨形式，分析新形势下森林公园发展的新特点，研讨新形势下加强森林公园建设管理的新途径。

国家级森林公园生态文化建设研讨班　国家级森林公园生态文化建设研讨班于5月在云南省香格里拉县举办，来自4所高校、9个省级林业部门森林公园主管处（室）、13个解说体系示范项目建设单位的相关人员共40余人参加。　本次研讨班课程包括森林公园环境解说系统构建、自然教育系统规划设计、解说系统规划技术规程、环境教育活动开发的课堂授课，以云南普达措国家公园解说系统建设为例进行现场教学、解说体系示范项目建设实践交流以及森林公园环境教育的主题研讨，使大家对如何加强森林公园自然教育提高了认识、开阔了视野、增长了知识，对进一步做好自然教育工作具有积极意义。

首届国家级森林公园解说员培训班　为科学推动国家级森林公园生态文化建设，着力提升解说人员业务素质，积极促进自然教育工作的规范化、专业化发展，由中南林业科技大学旅游学院承办的首届国家级森林公园解说员培训班于11月在湖南长沙举办，来自两岸三地5所高校、47个国家级森林公园、4个省级林业部门森林公园主管处（室）的相关人员80人参加培训。培训班课程内容分为理论篇、设计篇、实践篇和经验篇四部分，包括环境解说的发展和内涵、森林公园解说系统设计和人员解说技巧、自然教育活动课程设计的课堂授课，大围山国家级森林公园解说系统的现场教学，以及香港湿地公园、台湾森林游乐区、北京八达岭国家森林公园环境解说和自然教育的经验介绍。培训班理论性强、操作性实，学习效果明显，对提升森林公园解说人员业务素质，促进自然教育工作的规范化、专业化发展具有积极意义。

2015国家级森林公园主任培训班　2015全国森林公园和森林旅游工作座谈会暨国家森林公园主任培训班于12月在江苏游子山国家森林公园举行，全国各地森林旅游主管处（室）主要负责人、部分国家森林公园主任以及相关专家、学者等共计170余人参加培训。此次培训由各地森林公园和森林旅游主管处（室）主要负责人作交流发言，并采取专家授课、观摩学习相结合的形式。通过各地交流和学习培训，拓宽了森林旅游从业主管人员视野，增强了建设森林公园、发展森林旅游的决心和信心。

森林旅游信息管理培训班　国家林业局森林公园管理办公室于12月在江苏游子山国家森林公园举办森林旅游信息管理培训班，培训班采取课堂教学、现场教学、经验交流相结合的形式，讲授信息应用新理念和新技术，推动"十三五"森林公园和森林旅游管理工作上新台阶。

2．湿地

国际重要湿地管理培训班　为加强我国国际重要湿地保护和管理，由国家林业局湿地保护管理中心主办、青海省林业厅承办的国际重要湿地管理培训班于6月在青海西宁举办，参加培训的有全国22个省（自治区、直辖市）林业主管部门湿地保护管理中心、国际重要湿地的工作人员和特邀专家共123人。会议讲解了《环境教育故事主线》、《解说系统规划看湿地宣教能力的提升策略》、《中国湿地博物馆的建设与发展》、《国际重要湿地保护与利用国际案例》等，肯定了我国湿地管理与湿地公园建设的成果，同时强调了湿地的保护管理仍然面临很大压力。通过此次培训，培训人员学习了湿地宣教、社区发展、保护管理等知识，互相分享了保护区的先进理念，为今后更好地开展湿地管理、宣传教育和推动社区发展积累了经验。

京津冀湿地生态系统评价培训会　为推进京津冀湿地生态保护，由国家林业局湿地保护管理中心主办的京津冀湿地生态系统评价培训会于6月在北京野鸭湖湿地公园顺利召开。参加培训的单位有中国科学院遥感所，国家林业局华东院、西北院、昆明院以及京津冀重要湿地主管部门等。培训班详细地介绍了湿地生态系统评价项目基本情况、湿地生态系统评价指标体系的构建和论证、指标因子的概念和具体计算方法，有针对性地讲解了湿地遥感影像解译判读案例、植被光谱测量仪和叶面积指数仪的工作原理和使用方法、野外GPS定位方法以及湿地土壤采样流程。通过培训，参会人员进一步掌握了湿地生态系统评价的流程和方法，为下一步的湿地保护管理、科研、规划设计等工作提供了有力的技术指导。

长江湿地保护网络年会暨湿地保护恢复培训班　由国家林业局湿地保护管理中心、世界自然基金会、重庆市林业局主办，中国湿地保护协会、重庆市湿地保护管理中心、开县人民政府承办的主题为"湿地——长江经济带的生命命脉"的长江湿地保护网络年会暨湿地保护恢复培训班于10月在重庆市开幕。培训班围绕"携手保护湿地，共筑长江生态屏障"，重点就如何保护湿地、如何防止水污染等问题进行广泛交流。本次长江湿地保护网络年会新增了68个网络成员单位，现共有212个成员单位。培训班对进一步推动长江流域湿地保护管理工作，提升长江流域湿地保护整体联动效应具有重要意义。

黄河湿地保护网络年会暨黄河湿地保护培训班　黄河湿地保护网络年会暨黄河湿地保护培训班于8月在内蒙古包头举办。会议对加强黄河流域湿地保护与恢复提出4点要求：（1）实行最严格的湿地保护制度，力争现有湿地面积不减少；（2）抓住水资源这个关键，系统推进黄河流域湿地保护与修复；（3）进一步完善湿地保护治理体系，落实好地方政府的湿地保护主体责任;（4）坚持高标准、严要求，抓好黄河湿地保护网络自身建设发展。

3．自然保护区

全国野生植物保护管理培训班　国家林业局于11月在四川成都举办了全

国野生植物保护管理培训班。国家林业局保护司、国家林业局调查规划设计院、全国各省（自治区、直辖市）林业厅（局）、省级林业科学（研究）院和林业调查规划院以及野生动植物保护国际（FII）等单位的林业行业专家和代表参加了培训班。培训班围绕第二次全国重点保护野生植物资源调查工作的主题，系统介绍了《野生植物保护在全球多样性保护中的地位和作用》、《全球树木保护行动项目的策略和案例分析》、《全球植物园保护现状与中国迁地保育情况》以及《第二次全国重点保护野生植物资源调查信息系统介绍及操作说明》等一系列知识。

4．其他

生物多样性保护培训班　国家林业局管理干部学院于9月在湖南郴州举办生物多样性保护培训班，92名各省（自治区、直辖市）林业厅（局）、森工（林业）集团及下属国家级自然保护区的相关领导和工作人员参加培训。培训课程主要包括自然保护区建设与管理理论、野生动物监督、宣教馆系统解说、生物多样性保护监测等内容，中国科学院生物多样性保护专家、台湾资深"国家"公园规划专家和保护区解说专家为学员授课。

全国古树名木资源普查业务培训研讨班　为加强古树名木保护，扎实抓好古树名木资源普查试点，全国绿化委员会办公室于12月在福建省晋江市举办了全国古树名木资源普查业务培训研讨班，各省（自治区、直辖市）、新疆生产建设兵团、中央国家机关和中国人民解放军绿化委员会办公室的负责同志、具体工作人员，有关专家学者及研究人员等近100人参加了此次培训研讨班。培训研讨班组织大家参观了晋江市森林资源视频监测系统运用和古树名木保护现场；有关专家学者作了古树名木鉴定、普查技术规范、信息管理系统应用等专题报告；并召开了座谈会，交流第一批全国古树名木资源普查试点情况、古树名木法规制度体系建设、古树名木技术标准体系、古树名木保护补偿机制、国外古树名木保护工作专题研究成果，部署了第二批全国古树名木资源普查试点工作。

二、省级层面

河北、山西、内蒙古、黑龙江、浙江、安徽、江西、山东、河南、湖北、湖南、广东、广西、海南、四川、云南、陕西、青海18个省（自治区）举办了与森林旅游行业相关的培训班，加强了森林旅游从业人员的整体素质。2015年部分省（自治区）森林旅游行业人才培训情况详见表7-2。

表7-2　2015年部分省（自治区）森林旅游行业人才培训一览

序号	省（自治区）	举办时间	培训班名称
1	河　北	2015年4月	河北省自然保护区建设与管理培训班
2	河　北	2015年4月	河北省林业自然保护区数据填报培训班
3	河　北	2015年5月	河北省湿地公园建设管理培训班

（续）

序号	省（自治区）	举办时间	培训班名称
4	河北	2015年11月	河北省森林公园管理培训班
5	山西	2015年11月	山西省直林区森林公园业务培训班
6	内蒙古	2015年6月	内蒙古自治区湿地保护管理培训班
7	内蒙古	2015年9月	内蒙古自治区森林公园主任培训班
8	黑龙江	2015年12月	黑龙江省森林公园工作座谈会暨管理人员培训班
9	浙江	2015年4月	森林旅游休闲养生培训班
10	浙江	2015年5月	浙江省国有林场改革经营和森林公园监督检查培训班
11	浙江	2015年7月	森林旅游休闲试点规划培训班
12	安徽	2015年11月	安徽省森林公园管理培训班
13	江西	2015年6月	江西省野生动植物保护管理业务培训班
14	山东	2015年8月	山东省国有林场场长、森林公园主任培训班
15	河南	2015年10月	《河南省湿地保护条例》暨湿地公园建设管理培训班
16	湖北	2015年9月	湖北省湿地生态系统管理培训班
17	湖南	2015年12月	湖南省城郊型森林公园培训班
18	广东	2015年12月	广东省森林公园建设管理培训班
19	广西	2015年7月	广西壮族自治区湿地保护法规培训班
20	海南	2015年11月	海南省森林公园管理及生态旅游培训班
21	四川	2015年8月	四川省森林公园风景资源调查与评价培训班
22	云南	2015年6月	云南省国家湿地公园建设管理培训班
23	云南	2015年7月	云南省湿地保护管理培训班
24	云南	2015年10月	云南省湿地保护及湿地补贴项目管理培训班
25	陕西	2015年7月	陕西湿地监测及国家湿地公园建设管理培训班
26	青海	2015年3月	青海省湿地保护培训班

第八章

宣传活动

- 专用标志

- 森林旅游系列推选活动

- 节庆活动

- 媒体作品制作

- 森林旅游网络平台

- 其他

第八章 宣传活动

2015 年，各森林旅游相关单位积极展现我国林区丰富多彩的、高品位的自然资源和人文资源，解读大自然的神奇与魅力，激发人们的民族自豪感，提高人们对人与自然关系的认识，并增强人们自觉保护自然和环境的意识，通过大规模、高强度的宣传促销，提升景区知名度，扩大森林旅游的社会影响力(表8-1)。

表8-1 2015年森林旅游相关的各类宣传一览

第一级别	第二级别	第三级别
专用标志	—	第六批国家森林公园名单
	—	国家沙漠公园专用标志
森林旅游系列推选活动	森林氧吧	中国森林氧吧
		重庆市最美森林氧吧
		四川省国家级氧吧
	最美森林	山东省"绿色大使齐鲁行 寻找最美森林"
		广东省最美森林
	最美湿地	广东最美湿地
		四川最美湿地
	最美古树名木	"寻找'最美古树名木'"第三届"美丽中国"大赛
节庆活动	森林旅游相关	中国森林旅游节
		中国（温州）森林旅游节
		中国林学会森林公园分会年会
		北京第三届森林文化节
		浙江森林休闲养生节暨第三届杜鹃花节
	森林生态旅游相关	四川红叶生态旅游节
		中国·额济纳第十六届国际金秋胡杨生态旅游节
		江苏游子山第三届森林生态旅游节暨游子文化节
		第十二届江苏常熟森林旅游生态观光节
	森林旅游产品推介会	黑龙江森工森林冰雪旅游产品推介会
		吉林森工集团旅游推介会
节庆活动	湿地相关	世界湿地日
		第十届中国湿地生态旅游节
		第八届中国（大庆）湿地旅游文化节
		黑龙江湿地论坛暨夏季生态旅游产品推介活动

（续）

第一级别	第二级别	第三级别
影视片制作	森林相关	2015年"中林杯"国家森林公园风光摄影大赛
		广东省大型生态纪录片《森林家园》
	湿地相关	湖南省歌曲《我们是湿地保护人》
		广东省《岭南水乡，湿地梦想》
	其他	首届生态文明主题微电影展示交流活动
		"山东古树"系列电视专题片
森林旅游网络平台	中国森林旅游相关网站调整完善	—
	地方森林旅游网络建设	—

一、专用标志

根据《中国国家森林公园专用标志使用暂行办法》（以下简称《办法》）的规定，国家林业局于6月公布了第六批国家森林公园名单。《办法》要求各省级林业主管部门要认真履行职责，切实督促此次授权使用中国国家森林公园专用标志的国家级森林公园，严格贯彻执行《办法》，确保中国国家森林公园专用标志的规范使用，树立国家级森林公园行业的良好形象。表8-2为第六批使用中国国家森林公园专用标志的国家级森林公园名单。

表8-2 第六批使用中国国家森林公园专用标志的国家级森林公园名单

序号	省份	公园名称	数量
1	内蒙古	内蒙古敕勒川国家森林公园	3
2		内蒙古成吉思汗国家森林公园	
3		内蒙古龙胜国家森林公园	
4	吉 林	吉林兰家大峡谷国家森林公园	4
5		吉林长白山北坡国家森林公园	
6		吉林红叶岭国家森林公园	
7		吉林松江河国家森林公园	
8	黑龙江	黑龙江大庆国家森林公园	6
9		黑龙江桦川国家森林公园	
10		黑龙江八里湾国家森林公园	
11		黑龙江方正龙山国家森林公园	
12		黑龙江廻龙湾国家森林公园	
13		黑龙江凤凰山国家森林公园	

（续）

序号	省份	公园名称	数量
14		湖北吴家山国家森林公园	
15		湖北双峰山国家森林公园	
16		湖北虎爪山国家森林公园	
17		湖北大老岭国家森林公园	
18	湖 北	湖北八岭山国家森林公园	10
19		湖北丹江口国家森林公园	
20		湖北汉江瀑布群国家森林公园	
21		湖北崇阳国家森林公园	
22		湖北西塞国家森林公园	
23		湖北岘山国家森林公园	
24		重庆天池山国家森林公园	
25	重 庆	重庆武陵山国家森林公园	3
26		重庆桥口坝国家森林公园	
27		四川龙苍沟国家森林公园	
28		四川阆中国家森林公园	
29	四 川	四川宣汉国家森林公园	5
30		四川苍溪国家森林公园	
31		四川沐川国家森林公园	
32		贵州竹海国家森林公园	
33		贵州燕子岩国家森林公园	
34	贵 州	贵州油杉河大峡谷国家森林公园	5
35		贵州黄果树瀑布源国家森林公园	
36		贵州甘溪国家森林公园	
37		云南龙泉国家森林公园	
38		云南十八连山国家森林公园	
39	云 南	云南珠江源国家森林公园	5
40		云南五峰山国家森林公园	
41		云南双江古茶山国家森林公园	

（续）

序号	省份	公园名称	数量
42		甘肃松鸣岩国家森林公园	
43		甘肃云崖寺国家森林公园	
44	甘　肃	甘肃文县天池国家森林公园	6
45		甘肃寿鹿山国家森林公园	
46		甘肃贵清山国家森林公园	
47		甘肃大峡沟国家森林公园	
48	新　疆	新疆乌鲁木齐天山国家森林公园	2
49		新疆车师古道国家森林公园	

为促进国家沙漠公园规范发展，扩大国家沙漠公园的影响力，提高国家沙漠公园的形象识别度，国家林业局防沙治沙办公室组织设计了国家沙漠公园专用标志，并制作了《中国国家沙漠公园视觉形象识别系统手册》，于6月发布公告及通知，国家林业局规定由国家林业局正式批复的国家沙漠公园及试点可以在合理范围内使用该标志。图8-1为中国国家沙漠公园专用标志，沙漠中有清泉绿洲，雄鹰展翅蓝天，游人骑着骆驼旅行，这些元素都集中在了标志中。

此外，各级森林公园、湿地公园、自然保护区、沙漠公园等逐渐使用专属标志，湖南五强溪国家湿地公园于1月正式使用湖南五强溪国家湿地公园标识和卡通吉祥物"圆圆"标志。

图8-1　中国国家沙漠公园专用标志

二、森林旅游系列推选活动

（一）森林氧吧

1．中国森林氧吧

《森林与人类》杂志于4月发起"寻找中国森林氧吧"活动，在全国范围内选出富含负氧离子和空气清新的国家森林公园、湿地公园和自然保护区，向人们推荐能够呼吸新鲜空气和开展健身养生旅游的"森林氧吧"。活动实行国家森林公园、湿地公园和自然保护区自愿申报和专家推荐的方式，邀请植物、生态、景观、旅游等方面专家，对这些森林区域的负氧离子浓度、空气清新度、自然景观优势、休憩服务条件和交通便捷度等指标进行评价。于10月在湖北武汉举行的2015中国森林旅游节上，国家林业局公布了37个首批"中国森林氧吧"单位，详见表8-3。

表8-3 获得"中国森林氧吧"称号的单位名单

序号	省份	公园名称	数量
1	河北	河北雾灵山国家级自然保护区	1
2	山西	山西晋中市乌金山国家森林公园	1
3	内蒙古	内蒙古大兴安岭汗马国家级自然保护区	2
4		内蒙古大兴安岭莫尔道嘎国家森林公园	
5	辽宁	辽宁本溪恒仁枫林谷森林公园	1
6	吉林	吉林兰家大峡谷国家森林公园	1
7	黑龙江	黑龙江呼中国家级自然保护区	2
8		黑龙江南瓮河国家级自然保护区	
9	浙江	浙江大盘山国家级自然保护区	4
10		浙江钱江源国家森林公园	
11		浙江雁荡山国家森林公园	
12		浙江玉环大鹿岛	
13	安徽	安徽琅琊山国家森林公园	1
14	山东	山东泰安市徂徕山国家森林公园	3
15		山东泰山国家森林公园	
16		山东淄博市原山国家森林公园	
17	河南	河南黄柏山国家森林公园	3
18		河南济源南山省级森林公园	
19		河南南湾国家森林公园	
20	湖北	湖北大别山主峰风景区	1
21	湖南	湖南炎陵县神农谷国家森林公园	1
22	广西	广西龙胜温泉国家森林公园	1

（续）

序号	省份	公园名称	数量
23		重庆缙云山国家级自然保护区	
24		重庆梁平县百里竹海风景名胜区	
25	重庆	重庆四面山自然保护区	5
26		重庆山王坪喀斯特国家生态公园	
27		重庆仙女山国家森林公园	
28	四川	四川乐山市黑竹沟国家森林公园	1
29		贵州梵净山国家级自然保护区	
30		贵州贵阳阿哈湖国家湿地公园	
31	贵州	贵州毕节国家森林公园	5
32		贵州漳江风景名胜区	
33		贵州尧人山国家森林公园	
34	陕西	陕西汉中黎坪景区	1
35		甘肃莲花山国家森林公园	
36	甘肃	甘肃小陇山国家森林公园桃花沟景区	3
37		甘肃麦积国家森林公园植物园景区	

2．重庆市最美森林氧吧

由重庆生态文化协会、重庆市林学会主办的寻找重庆市"最美森林氧吧"活动于9月开始。活动的推荐范围为全市范围内的森林公园、湿地公园、生态公园、自然保护区、林场、地质公园、风景名胜区及生态环境良好的行政或自然村。此次"最美森林氧吧"评选活动，向社会公众推荐富含负离子、空气清新且适宜休憩、游览的地方，以满足现代都市人群回归自然的需求。活动由申报、初审、初评、公示和大众投票、终评等5个环节组成，最终在全市范围内评选出彭水摩围山景区、涪陵武陵山国家森林公园、酉阳桃花源国家森林公园、黔江国家森林公园、万盛黑山谷景区、武隆县火炉镇万峰村、綦江古剑山森林公园、开县汉丰湖国家湿地公园、江津大圆洞国家森林公园、巫溪红池坝国家森林公园等10个重庆市"最美森林氧吧"。

3．四川省国家级氧吧

四川省于9月首次系统地对四川36个国家级森林公园、23个国家级自然保护区的负氧离子进行了科学监测，并根据监测结果推选出"四川十大国家级森林氧吧"、"群众喜爱的四川十大国家级森林氧吧"，还为省内外游客推出8条首批国家级森林氧吧线路。活动旨在为四川省内外游客推介提供森林养生、休闲体验的森林精华之地，有利于为全民健康、全民养生提供更多更好的生态产品，

专栏10 四川省8条首批国家级森林氧吧线路

1.川南线：美女峰国家森林公园、黑竹沟国家森林公园和黑竹沟国家级自然保护区、沐川国家森林公园、马边大风顶国家级自然保护区和美姑大风顶国家级自然保护区、福宝国家森林公园、画稿溪国家级自然保护区、老君山国家级自然保护区、蜀南竹海国家级自然保护区。

2.康巴线：二郎山国家森林公园、海螺沟国家森林公园、贡嘎山国家级自然保护区、荷花海国家森林公园。

3.香格里拉线：措普国家森林公园、格西沟国家级自然保护区、亚丁国家级自然保护区、察青松多国家级自然保护区。

4.雅安阿坝线：蜂桶寨国家级自然保护区、夹金山国家森林公园(宝兴和小金)、四姑娘山国家级自然保护区、卧龙国家级自然保护区、雅克夏国家森林公园、九寨国家森林公园、九寨沟国家级自然保护区。

5.成都后花园线：西岭国家森林公园、天台山国家森林公园、都江堰国家森林公园和龙溪虹口、白水河国家森林公园、瓦屋山国家森林公园、龙苍沟国家森林公园、栗子坪国家级自然保护区、二滩国家森林公园。

6.川北线：云湖国家森林公园、北川国家森林公园、小寨子沟国家级自然保护区、王朗国家级自然保护区、雪宝顶国家级自然保护区、千佛山国家森林公园和千佛山国家级自然保护区、高山国家森林公园、七曲山国家森林公园。

7.广元巴中线：天曌山国家森林公园、剑门关国家森林公园、苍溪国家森林公园、米仓山国家级自然保护区、唐家河国家级自然保护区、米仓山国家森林公园、镇龙山国家森林公园、天马山国家森林公园、空山国家森林公园。

8.川东线：阆中国家森林公园、凌云山国家森林公园、华蓥山国家森林公园、五峰山国家森林公园、铁山国家森林公园、宣汉国家森林公园。

扩大森林公园、自然保护区和湿地公园等保护地的社会影响力，极大地促进生态文化普及、森林文化传播和森林生态旅游发展。

（二）最美森林

1．山东省"绿色大使齐鲁行 寻找最美森林"

山东省林业厅与中国大地保险山东分公司于6月签订《建设"绿色大地"战略合作协议》，旨在探索生态文明建设政企合作模式以纪念世界环境日，拉开了"绿色大使齐鲁行——寻找最美森林"活动序幕。"绿色大使"一行沿途宣传绿色理念，引导绿色意识，走进全省 9 个城市 20 家森林公园，综合评选出山东最美森林。

2．广东省最美森林

由广东省林业厅主办的"寻找广东最美森林"系列活动于 7 月正式启动，本次活动以"关注森林 畅享自然"为主题，通过十大最美森林评选、美丽森林摄影比赛和寻找最美森林记者行等系列活动综合评选出广东十大最美森林。"寻找广东最美森林"活动联合政府、媒体、专家和公众的力量，在全省 21 个地级市上千个自然保护区、森林公园、湿地公园和风景名胜区中，经过广泛征集推荐、网络评选、专家评审等环节，最终评选出石门国家森林公园、南岭国家森林公园、台山上川岛猕猴省级自然保护区、湛江红树林国家级自然保护区、云开山国家级自然保护区、鼎湖山国家级自然保护区、南昆山国家森林公园、平远龙文—黄田省级自然保护区、万绿湖国家湿地公园、银瓶山森林公园十大"广东最美森林"。此次活动进一步加大了对广东省森林资源的宣传和保护力度，弘扬了生态文化。

（三）最美湿地

1．广东最美湿地

首届"广东最美湿地"、影像湿地摄影大赛媒体发布会暨 2015 年广东省湿地保护协会会员代表大会于 11 月在南沙湿地公园举行，此次活动象征着持续一年的"广东湿地万里行"系列活动圆满结束。在系列活动之一的"广东最美湿地"评选中，专家代表通过对全省各地的湿地考察、民意调查、图片资料与意见收集，综合"生态美"、"人文美"、"景观美"的标准，评选出南沙滨海湿地景区、深圳福田红树林湿地、广东湛江红树林国家级自然保护区、广东星湖国家湿地公园、广东万绿湖国家湿地公园、广东海珠国家湿地公园、广东麻涌华阳湖湿地公园、广东惠东海龟国家级自然保护区、广东珠海淇澳—担杆岛省级自然保护区及广东海丰鸟类省级自然保护区 10 个"广东最美湿地"。

2．四川最美湿地

由四川省林业厅、四川日报报业集团指导，五洲国际文化交流中心、省林业宣传中心、省生态文化促进会、川商杂志社联合主办的"寻找中国四川最美湿地"大型公益活动于 7 月正式启动。活动以宣传生态文明和湿地保护观念、推进四川湿地保护为己任，通过联合社会力量，打造生态公益品牌，挖掘国家级湿地新地标。活动中，主办单位组成 5 个考察分队奔赴四川省各地，展开湿地保护的宣传和调研，以"自然美、生态美、人文美"为主旨进行严格考评，最终推选"四川最美湿地奖"、"四川最具人气湿地奖"、"四川最具期待湿地奖"及"四川湿地建设杰出贡献奖"等奖项。

（四）最美古树名木

2015 年 8~12 月，在前两届"美丽中国"大赛成功举办的基础上，以中国林业网、国家生态网、美丽中国网为平台，国家林业局开展"寻找'最美古树名木'"

专栏11 "最美古树名木"基本条件

"**古树之冠**"介绍我国树龄在 100 年以上，具有树龄最长、树身最高、树干最粗等特点的树木；

"**名木之秀**"介绍我国具有重要历史价值、纪念意义的树木；

"**异木之奇**"介绍我国各种形态奇特、生长或者功能异常的树木；

"**世界之贵**"介绍世界各国珍贵、重要的树木。

第三届"美丽中国"大赛，大赛以"弘扬生态文化、关注古树名木、建设美丽中国"为主题，共分为古树之冠、名木之秀、异木之奇、世界之贵四大类。

三、节庆活动

（一）森林旅游相关节庆活动

1. 中国森林旅游节

由国家林业局、湖北省人民政府主办，武汉市人民政府、湖北省林业厅、湖北省旅游局承办的 2015 中国森林旅游节于 10 月 10~12 日在武汉举行，主题为"生态之旅，绿色生活"，主要活动内容包括一个开幕式、两个展示（全国森林旅游发展成果展示、全国生态休闲产品展示）、四个论坛（中国森林旅游

专栏12 国家林业局办公室关于举办2015中国森林旅游节的通知

办场字〔2015〕127号

各省、自治区、直辖市林业厅（局），内蒙古、吉林、龙江、大兴安岭森工（林业）集团公司：

为全面展示我国森林旅游发展成就，进一步促进森林旅游的健康有序发展，经全国清理和规范庆典研讨会论坛活动工作领导小组批准同意，国家林业局、湖北省人民政府定于 2015 年 10 月在湖北省武汉市共同举办"2015 中国森林旅游节"，现将有关事项通知如下。

一、高度重视，加强组织领导

"中国森林旅游节"是林业行业的一次盛会，也是林业与相关各界互动的重要平台。通过举办"中国森林旅游节"，可以集中展示我国林业保护建设和森林旅游发展成就，提高森林旅游的社会影响力，激发人们走进森林、体验自然的热情，培养人们尊重自然、顺应自然、保护自然的生态

情怀。通过举办"中国森林旅游节",可以扩大林业与相关各界的交流与合作,凝聚多方力量,营造合力推进森林旅游发展的良好氛围。举办"中国森林旅游节"对于充分发挥林业的多种功能,进一步提高森林、湿地、荒漠及野生动植物资源的保护性利用水平具有重大意义。为了加强对2015中国森林旅游节举办工作的组织领导,国家林业局、湖北省人民政府、武汉市人民政府及有关方面共同成立了"2015中国森林旅游节组委会"(以下简称组委会)及其办公室,由张建龙局长任组委会主任,办公室设在国家林业局森林公园管理办公室(国家林业局国有林场和林木种苗工作总站)。各省(自治区、直辖市)林业厅(局)、各森工(林业)集团要高度重视,及时成立相应的领导机构,明确责任人,要按照组委会统一部署和森林旅游节总体方案(见附件)要求,加强组织协调,细化任务,明确责任,落实保障。

二、精心筹划,提高办节成效

一是要认真谋划,展示特色。各省(自治区、直辖市)林业厅(局)、各森工(林业)集团公司要对本地区森林旅游发展成就和优势进行认真总结和提炼,精心策划展示的重点和形式,要突出各地森林、湿地、荒漠、野生动植物资源以及民俗、文化资源特色,突出各地森林旅游发展优势和重点,做到主题明确、主线分明。

二是要广泛参与,扩大影响。2015森林旅游节为全行业搭建了广阔的宣传推介平台,活动内容丰富,影响面广,各省(自治区、直辖市)林业厅(局)、各森工(林业)集团公司要充分利用好这一平台,精心组织包括森林旅游产品推介、森林旅游线路推介、重大活动推介以及相关合作协议签订等活动内容,着力打造森林旅游品牌,着力扩大本地区森林旅游的社会影响力。

国家林业局办公室

2015年7月24日

论坛、中国生态休闲产业论坛、中国森林氧吧论坛、中国森林休闲体验论坛)、六个仪式(新设立国家级森林公园颁牌仪式、国家生态公园颁牌仪式、森林旅游示范县授牌仪式、大型电视纪录片——《中国国家森林公园》赠片仪式、"国家森林公园风光摄影大赛"颁奖仪式、多项目的合作签约仪式)以及森林旅游相关的合作洽谈、新闻发布、产品推介等。另外,湖北省和武汉市还安排了在全省和全市范围内开展的一系列旅游和推介活动。中国森林旅游节对于进一步促进森林旅游业的健康快速发展，更好地发挥森林旅游在建设生态林业、民生林业中的重要作用具有重要意义。

2．中国（温州）森林旅游节

由国家林业局和浙江省人民政府主办，浙江省林业厅和温州市人民政府承办的中国（温州）森林旅游节于4月在温州市文成县铜铃山国家森林公园开幕。本届森林旅游节以"畅游森林温州，体验生态文明"为主题，期间开展"有氧温州之旅"、森林公园建设和森林旅游发展研讨会、"弘扬木雕文化、走进黄杨木雕"、森林与健康讲坛等多项活动。通过这一节庆活动充分展示了浙江和温州丰富多彩的森林旅游资源和灿烂的生态文化，进一步唤起人们走进森林、回归自然的极大热情，切实增强人们关注森林、保护生态的意识，把浙江省森林休闲养生事业推向一个新阶段，为发展浙江现代林业、建设美丽浙江做出新的更大贡献。

3．中国林学会森林公园分会年会

由中国林学会和四川省林业厅、四川省旅游局等有关部门联合主办的中国林学会森林公园分会年会暨中国（四川）首届生态旅游博览会于6月在四川省江油市举办。年会主要内容包括参加中国四川首届生态旅游博览会、召开第三届理事会第三次会议、举办以"新常态下森林公园和生态旅游产业创新发展"为主题的学术研讨会等，本次会议旨在通过加强对新常态下森林公园与生态旅游产业发展研究，促进森林公园和生态旅游产业的持续健康发展。

4．北京第三届森林文化节

第三届北京森林文化节暨西山国家森林公园第四届踏青节于3月在西山国家森林公园开幕。活动期间，全市各森林公园举办了56项百余次特色森林文化

专栏13　北京市森林公园开展的特色文化活动

1．西山国家森林公园：TNF100山地定向越野挑战赛、"西山晴雪　春意无边"西山国家森林公园踏青赏花季、西山国家森林公园植树节义务植树活动、第三届"西山晴雪"杯摄影大赛、清明节缅怀先烈主题教育活动、森林文化示范区科普教育活动，森林音乐会等。

2．百望山森林公园：山花节、义务植树、红色之旅、青少年"悦"读森林体验游、黑山扈战斗纪念园主题教育活动等项活动。

3．八达岭国家森林公园：踏青赏花节、丁香生态文化节、消夏避暑文化节、红叶生态文化节、八达岭森林体验馆亲子体验等文化活动，重点突出丁香、红叶景观和"森林体验"特色。

4．松山保护区旅游景区："美丽松山"摄影比赛、有奖登山、"生物多

> 样性保护"知识宣传周等文化活动，重点突出科普教育、森林体验的特色。
>
> **5. 顺义滨河森林公园**：森林花之约、森林运动会、森林徒步大会、森林骑行、红叶节等多项精彩活动。
>
> **6. 永定河休闲森林公园**：首届"追酷"杯自行车联赛、闪电—北京公路车联赛、重阳节敬老秋游等。

活动，广大市民走进森林、体验森林、热爱森林、保护森林，大力支持森林文化建设，共建共享"绿色北京"，对北京市森林旅游的发展起到显著的宣传效果。

5．浙江森林休闲养生节暨第三届杜鹃花节

由浙江省生态文化协会、浙江省森林旅游协会主办，磐安县人民政府承办的浙江森林休闲养生节暨第三届杜鹃花节于 4 月在浙江省磐安县开幕。此次活动以"穹顶之上'森'呼吸"为主题，举办了浙江磐安森林休闲养生论坛、森林风光风景展、风味小吃特产展以及巍巍大盘山植物探秘、"森林古道"休闲漫步、"畅游灵江源"森山探险、"森林食材、养生药膳"品鉴等系列活动，促进了浙江省森林休闲养生业的发展。

（二）森林生态旅游相关节庆活动

1．四川红叶生态旅游节

四川省致力于把四川花卉（果类）、红叶、大熊猫等三大系列生态旅游节办成四川林业品牌节会。四川红叶生态旅游节与森林旅游相关性较大，2015 年四川红叶生态旅游节主会场暨黑水第三届冰川彩林节于 10 月在主会场黑水县举行。此次生态旅游节在四川省共设 1 个主会场（阿坝藏族羌族自治州黑水县）和 5 个分会场（阿坝藏族羌族自治州金川县、阿坝藏族羌族自治州理县、雅安市宝兴县、广元市旺苍县、巴中市南江县等）。系列活动从 9 月 29 日持续到 12 月 31 日，开展四大主题活动：（1）红叶生态旅游节主会场和分会场开幕式；（2）发布红叶观赏指数周报，旨在引导游客观红叶（彩林）、游赏秋色；（3）红叶（彩林）主题摄影展；(4) 红叶节网络推广赠票活动。此次生态旅游节不断提升了四川省的美誉度和知名度，有效丰富了四川旅游产品体系，巩固了林业生态建设成果，同时也激活了乡村生态旅游，在打造"川西北生态经济功能区"，推动长江上游川西北高原生态持续改善，更好发挥生态资源在助农增收、扶贫攻坚方面发挥了更大的作用。

2．中国·额济纳第十六届国际金秋胡杨生态旅游节

中国·额济纳第十六届国际金秋胡杨生态旅游节活动从 8 月 1 日持续至 11 月 25 日。活动特别邀请蒙古国毗邻五大省市前来参加，内容涉及中蒙两国的体育、文艺、旅游、经贸洽谈及招商引资等一系列活动，节庆活动具有范围广、持续时间长、影响力大的特点。额济纳旗借助胡杨节这一知名旅游节庆活动为契机，推动了额济纳旗与蒙古国毗邻省区的友好往来与交流合作，也向八方游客推出了更多涵盖两国民族民俗、当地风情风貌的文化艺术活动内容及旅游品牌。

3. 江苏游子山第三届森林生态旅游节暨游子文化节

江苏游子山第三届森林生态旅游节暨游子文化节于 4 月在江苏南京高淳游子山国家森林公园开幕，本次活动围绕森林生态旅游、登高晒霉民俗文化和"游子"三大主题，推出了百名学子读论语、游子山文圣殿"祭孔大典"等多项各具特色的旅游节活动。此次节庆活动丰富了森林文化的内容，不但提升了游子山国家森林公园的知名度和美誉度，也促进了游子山森林生态旅游的快速发展。

4. 第十二届江苏常熟森林旅游生态观光节

由常熟市旅游局、虞山尚湖旅游度假区管理委员会主办，虞山尚湖旅游发展有限责任公司承办的第十二届江苏常熟森林旅游生态观光节暨第十七届虞山宝岩杨梅节于 6 月在苍山翠谷的虞山宝岩湾隆重开幕。森林旅游生态观光节囊括了虞山宝岩杨梅节、虞山尚湖端午文化节、尚湖荷花节等一系列特色节庆活动。

（三）森林旅游产品推介会

1. 黑龙江森工森林冰雪旅游产品推介会

借助国家林业局举办"2015 中国森林旅游节"的契机，由黑龙江省森工总局主办的黑龙江森林冰雪旅游产品推介会于 10 月在武汉市、长沙市举办，将黑龙江省"冰雪之冠"系列旅游产品推介到了湖南、湖北两省，预热了两湖地区的东北旅游市场，率先推出了黑龙江省冬季最新线路及产品，受到了社会各界的极大关注与高度好评。

2. 吉林森工集团旅游推介会

为了更好地推动森工旅游业的发展，加大对森工旅游景点和旅游产品的宣传推介，提高森工旅游品牌的知名度，由吉林省森工集团主办的以"亲近大自然，感受原生态"为主题的吉林森工旅游推介于 5 月在吉林抚松县仙人桥温泉度假区盛大举行，隆重推出了 5 条精品旅游线路。此次活动是森工集团积极

专栏14　吉林森工集团推出的5条精品旅游线路

1. 仙人桥温泉、长白山西坡二日游；
2. 红石国家森林公园、白山湖景区二日游；
3. 露水河国际狩猎场、长白山北坡二日游；
4. 松江河白溪漂流、长白山西坡二日游；
5. 仙人桥温泉、松江河白溪漂流、长白山西坡三日游。

发展旅游产业、宣传旅游资源、探索新形势下转型发展的一次重要实践。

（四）湿地相关节庆活动

1．世界湿地日

2015年2月2日是第十九个"世界湿地日"，也是我国第一个国家湿地公园——杭州西溪国家湿地公园建立10周年纪念日。国家林业局、浙江省人民政府在杭州西溪湿地共同举办"湿地，我们的未来"主题宣传活动，旨在诠释湿地与人类相互依存的关系，倡导湿地保护从青少年抓起。湿地日活动期间，国家林业局举办了中国履行《湿地公约》国家委员会第六次会议及国家湿地公园创立十年经验交流座谈会，会议强调要努力完善湿地保护治理体系，提升治理能力，就加强湿地保护工作提出四点要求：（1）采取最严格的保护措施，实施严格的开发管控制度；（2）积极恢复扩大湿地面积；（3）健全湿地保护的法规制度；（4）强化湿地保护的科教宣传。同时，不同级别的单位举办类型多样的世界湿地日宣传活动，极大地提高了人们对湿地的了解和保护意识，进一步提升了人们参与湿地保护的积极性和主动性，为全社会参与、支持湿地保护与恢复，建设美丽中国奠定了基础。

2．第十届中国湿地生态旅游节

第十届中国湿地生态旅游节、第七届中国泰州水城水乡国际旅游节、2015年中国泰州姜堰溱潼会船节于4月同时盛大开幕。"三节"以"泰州太美、溱湖'篙'歌、千舟'潼'庆"为主题，充分展示泰州、姜堰、溱湖地域文化特色和旅游文化元素。活动期间举办了旅游推介会、第十一届溱潼万朵古山茶观赏节、第十一届中国河横油菜花节等10多项丰富多彩的系列活动，满足了不同游客群体的休闲爱好，扩大了江苏省森林旅游的知名度。

3．第八届中国（大庆）湿地旅游文化节

由大庆新闻传媒集团和大庆文体旅游集团联手主办的以"魅力湿地，幸福大庆"为主题的第八届中国（大庆）湿地旅游文化节于7月在三永湖启幕。湿地旅游文化节突出"市场化、市民化、生态化"，继续秉持"城市的品牌，市民的节日"这一节庆定位。第八届中国（大庆）湿地旅游文化节重点活动由湿地旅游和湿地文体两大系列组成，向全国宣传了大庆湿地旅游产品。

4．黑龙江湿地论坛暨夏季生态旅游产品推介活动

由黑龙江省政府主办，黑龙江省旅游局、黑龙江省林业厅承办，以"打造避暑胜地品牌，推动中国湿地旅游可持续发展"为主题的黑龙江湿地论坛暨夏季生态旅游产品推介活动于5月在哈尔滨举行。此次活动使社会公众及行业更加深入地了解黑龙江湿地旅游资源，为湿地的可持续开发利用提供交流合作的平台，对黑龙江省旅游整体品牌的构建具有重大的建设性意义。国务院于8月出台的《国务院近期支持东北振兴若干重大政策举措的意见》提出将重点支持黑龙江湿地建设，黑龙江省谋划建设"一带、两湖、三网、两边"湿地生态功能区。

> **专栏15　黑龙江省"一带、两湖、三网、两边"湿地生态功能区**
>
> "一带"为松花江沿线都市湿地生态旅游带；
>
> "两湖"为兴凯湖、镜泊湖湿地生态旅游集群；
>
> "三网"为乌裕尔河河湖湿地旅游网、挠力河大沼泽湿地旅游网、大小兴安岭森林湿地旅游网；
>
> "两边"为黑龙江边境、乌苏里江边境旅游带。

四、媒体作品制作

（一）森林相关媒体作品制作

1. 2015年"中林杯"国家森林公园风光摄影大赛

由中国林业产业联合会森林旅游分会主办，中国绿色时报社《森林与人类》编辑部承办，组织开展了以"森林公园·绿色瑰宝"为主题的首届"中林杯"国家森林公园风光摄影大赛活动。活动共收到850组约8000张摄影作品，经过专家评审等环节，活动评出一等奖1名，二等奖3名，三等奖9名，优秀奖35名，鼓励奖100名。摄影作品反映了国家森林公园的风景资源特点，包括森林植被景观、地貌景观、水体景观、野生动物景观、冰雪景观、日出云海以及部分有代表性的人文景观和民俗活动等。

2. 广东省大型生态纪录片《森林家园》

由广东省林业厅与广东广播电视台联合摄制的大型生态纪录片《森林家园》于2月19~25日播出。《森林家园》纪录片旨在宣传广东林业工作和生态保护，以岭南地区的丰富林业资源为拍摄对象，选择代表岭南特色的本土植被、野生动物、珍稀物种进行深入动态拍摄记录，突出"生态文明，美丽广东"的主题。通过对森林资源的深入挖掘，使观众身临其境，感知森林"绿色屏障"捍卫着人们健康生活，使森林和生态文化深入人心。

（二）湿地相关媒体作品制作

1. 湖南省推出歌曲《我们是湿地保护人》

《我们是湿地保护人》经过了为期两个多月的稿件征集和主题创新，在反复研究、讨论、创作和再创作后，于11月定稿。整篇歌曲洋溢着团结、创新、奋发向上的浓厚氛围，反映了当代湿地保护人在湿地保护事业中不怕苦、不怕累、无私奉献、顽强拼搏和坚守敬业的精神面貌，为湖南西洞庭湖国家级自然保护区全面打造全国示范自然保护区和推进"十三五"总体规划建设整体造势。

2. 广东省《岭南水乡，湿地梦想》专题片

广东省林业厅联合广东广播电视台拍摄反映全省湿地体系建设特别是珠江

三角洲湿地公园建设的大型专题片《岭南水乡，湿地梦想》，于9月在珠江三角洲地区水环境综合整治与绿色生态水网建设现场会上播放。9月12~14日，每晚在广东卫视频道新闻联播栏目播出，全面展现了广东湿地体系建设和珠江三角洲湿地公园建设的成效，描绘了美好的湿地梦想。

（三）其他

1.首届生态文明主题微电影展示交流活动

为了贯彻落实党的十八大关于"加强生态文明的宣传教育"的要求，在全社会弘扬生态文明理念，宣传林业在生态文明建设中的地位和作用，吸引更多公众参与、宣传林业建设事业，国家林业局于7月举办首届生态文明主题微电影展示交流活动，最终评选出《北京，不渴》、《心字石》、《守望》、《心网》、《那片绿色》、《护源使者》、《山魂》、《老山林的呼唤》、《爱上西宁》、《责任》10部"十佳影片"，《玉兰菩提》、《乡愿》、《火速营救》、《逆行的父亲》、《回家过年》、《杏山故事》、《蜜方》、《同在蓝天下》、《陪伴》、《相亲相爱一家人》10部"优秀影片"。各影片是千千万万林业工作者的缩影，紧扣生态文明主题，是不可多得的精品影片。

2."山东古树"系列电视专题片

由山东广播电视台农科频道与山东省林业信息中心共同策划的大型林业公益系列宣传片"山东古树"于7月开机，标志着山东省古树名木电视专题片宣传活动拉开了序幕，通过拍摄专题片的方式为山东古树树碑立传，为子孙后代流传古树名木的历史文化，让古树名木获得社会的充分认识和重视。此次活动旨在加强对古树名木的宣传与保护，让广大群众充分认识古树名木的价值，了解古树名木保护知识，树立保护古树名木的理念和培养自觉保护古树名木的意识。

五、森林旅游网络平台

（一）中国森林旅游相关网站调整完善

2015年，国家林业局加大中国森林旅游网的建设和推广使用，成功开发并上线了中国森林旅游网的"手机主页"，进一步提升网站信息发布量和网站点击率，并建立了中国森林旅游和中国森林旅游节官方微信公众号。同时，国家林业局防沙治沙办公室配合信息化管理办公室，完成了国家沙漠公园网站的基本构建。

（二）地方森林旅游网络建设

数字化平台为对森林等自然资源保护提供数据基础，并起到宣传森林旅游的作用。2015年，各省（自治区、直辖市）积极向国家林业局森林公园管理办公室报送信息，鼓励各森林公园充分利用网络平台建网页、设论坛，进行个性化宣传，增加游客对本省森林旅游的了解，扩大社会影响力。不同类别、各级森林旅游目的地充分利用网络平台监测森林等自然资源，对森林等自然资源进行有效保护；利用网络平台加强森林旅游业的宣传力度。

山西省森林公园管理服务信息系统是 2015 年林业信息化建设的重点工程，主要目的是基于山西省地理信息公共服务平台，充分运用互联网、地理信息等技术，构建方便行业管理、服务公众的森林公园管理服务平台，主要实现森林公园的街景拍摄、森林公园范围图矢量化，为公众提供便捷化查询、可视化了解、合理化出游，以及行业实现信息化管理、科学化决策、精准化服务等提供强有力支撑。

此外，国家级森林公园、国家级自然保护区、国家湿地公园等森林旅游目的地也进一步加强森林旅游网站的建设。内蒙古胡杨林国家级自然保护区管理局开展云模式物联网胡杨林火灾预防预警项目；湖北后河国家级自然保护区森林防火指挥中心迈入数字化；四川雪宝顶国家级自然保护按照四川省林业厅自然保护区管理数字化建设要求，开展保护区数字化监测项目；甘肃黑河湿地国家级自然保护区凭借网络优势，强化湿地生态资源管护；浙江西溪湿地公园管理委员会与阿里巴巴签订了战略合作协议；山东珠山国家森林公园与同程网签订战略合作协议；湖南水府庙国家湿地公园管理处网站正式上线，为广大网友提供最新湿地资讯和服务。

六、其他

山东省于 1 月发行"好客山东·森林旅游"年票，这是山东省林业厅连续第四年发行"好客山东·森林旅游"年票，对山东省森林旅游的宣传起到了良好的效果。各类摄影大赛如中国内蒙古大兴安岭高寒森林摄影节、"拍好海珠"摄影大赛等，《溱潼之恋》、《疑路邂逅》等以森林旅游目的地为拍摄场地的影片，济宁《湿地专刊》等刊物充分展示了中国森林等自然资源的壮丽景色，助推森林旅游产业快速发展。广东省与华南农业大学合作组织编印了《广东森林公园旅游指南》。以 2015 中国森林旅游节为契机，河北省组织编印了《河北省国家森林公园》一书，详细介绍了 33 个国家森林公园、自然保护区的基本情况和风景图片、游览路线等，作为宣传河北省森林公园的主要载体向各界免费发放，受到了普遍赞誉。湖北省编辑了《湖南森林公园专辑》，宣传了湖南森林公园建设成就和优质的森林风景资源。

第九章

国（境）内外交流与合作

- 第二届全国自然教育论坛

- 中韩林业工作组第十次会议

- 森林疗养国际理念推广会议

- 湿地保护交流与合作

- 野生动植物保护

- 生物多样性保护交流与合作

- 防治荒漠化交流与合作

第九章 国（境）内外交流与合作

2015 年，我国森林旅游开创了国际交流与合作的新局面，主要在森林旅游、湿地保护、野生动植物保护、生物多样性保护、《联合国防治荒漠化公约》等方面对外进行交流。此外，第二届全国自然教育论坛、中韩林业工作组第十次会议、森林疗养国际理念推广会议进一步扩展森林旅游的含义，将森林旅游的自然教育、疗养功能推向世界的舞台。

一、第二届全国自然教育论坛

在消费主义、数字化和全球化的时代，社区、关怀、同情、团结的价值观和伦理观已经处在危险的境地，自然教育至关重要。全国自然教育论坛筹委会主办的"第二届全国自然教育论坛"于 11 月在杭州举行，400 多位来自全国各地以及美国、荷兰、日本、韩国的自然教育领域专家和从业者们参与了论坛。本届论坛以"推动自然教育的多元、社会参与"为主题，从社会的视角探讨自然教育，论坛更好地推动了自然教育多元化，让更多公众通过接触自然推动中国自然保护事业的发展。

二、中韩林业工作组第十次会议

中韩林业工作组第十次会议于 11 月在成都举行，会议提出三点合作设想：（1）建立中韩森林体验教育、森林疗养相关专家对口交流机制，与韩国森林体验教育、森林疗养方面的机构建立合作关系；（2）搭建平台，推动双方森林体验教育和疗养基地结成姊妹关系，加强人员交流；（3）与韩国山林厅合作，学习借鉴韩国在制订森林体验教育和疗养方面的政策、行动方案等方面的经验。会议还在荒漠化防治、森林防火、病虫害防治、森林旅游、东北虎保护以及东亚生物多样性保护网络的建设等方面进行了磋商，进一步推进了中韩友好关系。

三、森林疗养国际理念推广会议

森林疗养是时代的发展潮流和趋势，契合中国国情和林情，也是社会发展的必然需求。国家林业局对外合作项目中心主办、四川省林业厅承办的森林疗养国际理念推广会议于 10 月在四川成都举行，会议以林业国际合作为切入点，从国家战略和林业发展大局出发，研讨国际森林疗养理念和模式的推广工作，以推进森林疗养在我国的发展工作，探索适合我国国情和林情的森林疗养模式。会议明确提出要努力将森林疗养纳入国家和林业"十三五"发展规划、合理利用相关政策、进一步拓展国际合作交流平台和谋划产业发展等四项要求，为当前开展森林疗养工作指明方向。

四、湿地保护交流与合作

1. 国家林业局与湿地国际年会

国家林业局与湿地国际年会于 4 月在北京举行，与会双方回顾了上一年度合作项目的执行情况，拟定 2015–2016 年的合作项目计划，共同开展 6 个合作项目。

2.《湿地公约》第十二届缔约方大会

《湿地公约》第十二届缔约方大会于 6 月在乌拉圭埃斯特角城开幕。本届大会以"湿地，我们的未来"为主题，来自五大洲的 168 个国家和地区以及 30 多个国际、自然保护组织的近千名政府和非政府组织代表参加了会议。会议重点关注《湿地公约》财经事务和国际重要湿地等议题；讨论《湿地公约》综合程序类和专题技术类议题，特别是 2016–2021 年《湿地公约》战略计划、湿地城市认证等决议草案的审议；研究《湿地公约》各机构工作报告、秘书处报告及各区域报告等一般性议题。中国政府代表团在积极参与大会各项议程的同时，成功举办了宣传和展示湿地保护成就的中国边会，使参会代表更加深入地了解了中国湿地保护情况，进一步加深中国湿地保护的国际影响力。

3. 第一届海峡两岸湿地保护交流研讨会

第一届海峡两岸湿地保护交流研讨会于 10 月在成都市新津县召开。在湿地国际的协助下，中国湿地保护协会与社团法人台湾湿地学会达成共识。为促进两岸湿地领域展开广泛合作，海峡两岸的专家学者本着"两岸一家亲"的理念，以"共筑中国湿地梦——湿地保护、规划、经营、可持续发展"为主题，共同探讨了湿地保护开发经营的最新模式，分享了研究成果，并签署了《两岸湿地保护交流和可持续发展民间合作备忘录》。研讨会还为两岸湿地建设管理提出一定的建议，为推动双方全面深化合作、提升湿地建设管理水平起到积极作用。

4. 海峡两岸三地湿地保护交流活动

由福建省野生动植物保护协会、世界自然（香港）基金会、台北野鸟学会共同组织的"两岸三地"湿地保护交流活动于 2 月在福建闽江河口湿地博物馆开展。通过开展参观闽江河口湿地博物馆和保护湿地签名等活动，加强两岸三地交流，普及湿地保护知识。本次活动旨在倡导湿地保护从青少年抓起，号召全社会关注湿地，促进湿地资源的可持续利用，推动湿地保护事业的健康发展。

五、野生动植物保护

1. 中非合作论坛

中非合作论坛峰会于 12 月在南非约翰内斯堡召开，中非双方以联手推动非洲野生动物保护事业为契机，在栖息地保护、抵制野生动植物贸易等诸多领域进一步加强合作。从经济角度看，中国支持非洲野生动物保护事业将帮助依赖旅游业获得发展的非洲经济体实现更快增长。

2. 中韩野生动植物和生态系统保护合作第一次会议

由国家林业局主办、四川省林业厅承办的中韩野生动植物和生态系统保护合作第一次工作组会议于5月在成都召开。会议围绕野生动植物、生态系统及湿地保护、濒危物种管理、林业碳汇等领域合作主题进行深入讨论，我国通过野生动植物及生态保护、森林医疗和森林教育，加强中韩两国林业合作交流，为促进地区生态建设和可持续发展、促进中韩两国人民友谊做出应有贡献。

六、生物多样性保护交流与合作

1. 黑龙江省林业厅与俄罗斯开展跨界保护生物多样性会谈

黑龙江省林业厅与俄罗斯阿穆尔州动物及栖息地保护、监督和利用调节局代表团于8月在黑河开展关于保护生物多样性、建设跨境自然保护区等问题的建设性合作会谈。会议就中俄双方跨境保护区的建设管理情况和野生动物保护开展情况及今后的合作方向进行了研讨。会议强调建立两岸共同管护的跨境自然保护区意义重大，未来双方将进一步加强沟通与合作，及时交流各自辖区内野生动物资源管理和保护情况，在野生动物及栖息地保护、鸟类环志和野生动物疫源疫病监测等方面开展合作。

2. 第六届海峡两岸生物多样性与森林保护文化研讨会

作为"第七届海峡论坛——2015年海峡科技专家论坛"系列活动之一，由中国科学院城市环境研究所、中国林学会、中国自然科学博物馆学会自然保护区专业委员会、福建农林大学、福建省科学技术协会、台湾大学生物资源暨农学院、台湾森林休憩保育学会、台湾水土保持技术协会、中华生态资讯暨环境教育协会和德化县人民政府等共同主办的第六届海峡两岸生物多样性与森林保护文化研讨会于6月在福建省德化县举行。海峡两岸100多名院校（机构）的专家学者、专业人士和企业家等出席参加了本次研讨会。两岸生物多样性与森林保护文化研究领域专家就生物多样性保护、生态产业发展、林下经济发展等问题展开研讨和交流，进一步提升了两岸生物多样性保护与森林保护文化水平。

七、防治荒漠化交流与合作

1.《联合国防治荒漠化公约》第十二次缔约方会议

会议于2015年10月12~23日在土耳其安卡拉召开，公约151个缔约方、相关国际组织和民间机构代表计4000余人参会。会议主体任务是落实联合国可持续发展目标，推动实现全球土地退化零增长和基于土地的气候变化解决方案。会议围绕公约职责范围、未来工作计划、履约报告、审评机制、筹资供资以及促进公约相关附属机构的工作等议题展开讨论磋商，会议决定制定公约未来发展战略，要求各国制定志愿性土地退化零增长国家目标。我国代表团在积极谈判和参与双多边交流的同时，全面系统宣传我国防治成绩，对外分享防治经验，组织召开了"一带一路"防治荒漠化共同行动主题边会，重点推介"一带一路"总体战略和防治荒漠化区域合作构想，受到国际社会积极响应。

2．《联合国防治荒漠化公约》科学技术委员会第四次特别会议暨第三届科学大会

会议于3月在墨西哥坎昆市举办，来自71个缔约方及有关国际组织和研究机构共287名代表参会。会议分为3个议题，以并行分会的形式探讨在可持续发展背景下实现土地退化零增长的途径，围绕分析防治荒漠化障碍性因素、防治对策、监测评估三个方面形成建议性案文。国家林业局、中国科学院代表我国出席会议，根据工作需要深入了有关分会讨论，介绍了我国在相关领域的做法，有关经验经讨论后写入成果建议案文。

3．第五届库布其国际沙漠论坛

论坛由科学技术部、国家林业局、内蒙古自治区人民政府、联合国环境规划署、联合国防治荒漠化公约秘书处联合主办，于7月28~30日在内蒙古库布其沙漠举行，来自全球40多个国家和地区的政要、政府机构、国际组织代表、企事业代表共500余人参会，与会代表围绕"沙漠生态文明，共建丝绸之路"的主题展开研讨，形成了《库布其全球沙漠化行动计划》，动议成立"全球沙漠生态经济联盟"，以协助推动2030年土地退化零增长目标的实现。

附 录

一、2015年新增国家级森林公园（39处）

1. 内蒙古敕勒川国家森林公园
2. 内蒙古成吉思汗国家森林公园
3. 吉林红叶岭国家森林公园
4. 黑龙江桦川国家森林公园
5. 江苏天目湖国家森林公园
6. 南京无想山国家森林公园
7. 山东章丘国家森林公园
8. 山东峄城古石榴国家森林公园
9. 山东棋山幽峡国家森林公园
10. 山东夏津黄河故道国家森林公园
11. 山东茌平国家森林公园
12. 河南天目山国家森林公园
13. 河南大苏山国家森林公园
14. 湖北西塞国国家森林公园
15. 湖北岘山国家森林公园
16. 湖南永兴丹霞国家森林公园
17. 湖南齐云峰国家森林公园
18. 湖南四明山国家森林公园
19. 四川宣汉国家森林公园
20. 四川苍溪国家森林公园
21. 四川沐川国家森林公园
22. 贵州甘溪国家森林公园
23. 贵州油杉河大峡谷国家森林公园
24. 贵州黄果树瀑布源国家森林公园
25. 云南双江古茶山国家森林公园
26. 甘肃子午岭国家森林公园
27. 新疆乌鲁木齐天山国家森林公园
28. 新疆车师古道国家森林公园
29. 内蒙古绰尔大峡谷国家森林公园
30. 四川鸡冠山国家森林公园
31. 重庆毓青山国家森林公园
32. 湖南沅陵国家森林公园
33. 湖南嘉禾国家森林公园
34. 湖南靖州国家森林公园
35. 湖南北罗霄国家森林公园
36. 湖北白竹园寺国家森林公园
37. 河南云梦山国家森林公园
38. 江苏黄海海滨国家森林公园
39. 黑龙江双子山国家森林公园

二、2015年新增国家湿地公园（137处）

1. 河北省（7处）
   河北张北黄盖淖国家湿地公园
   河北涉县清漳河国家湿地公园
   河北承德双塔山滦河国家湿地公园
   河北内丘鹊山湖国家湿地公园

   河北峰峰滏阳河国家湿地公园
   河北隆化伊逊河国家湿地公园
   河北青龙湖国家湿地公园
2. 山西省（3处）
   山西洪洞汾河国家湿地公园

山西右玉苍头河国家湿地公园
山西大同桑干河国家湿地公园

3. 内蒙古自治区（10 处）
内蒙古白狼奥伦布坎国家湿地公园
内蒙古扎兰屯秀水国家湿地公园
内蒙古莫和尔图国家湿地公园
内蒙古陈巴尔虎陶海国家湿地公园
内蒙古巴林雅鲁河国家湿地公园
内蒙古满洲里二卡国家湿地公园
内蒙古奈曼孟家段国家湿地公园
内蒙古包头昆都仑河国家湿地公园
内蒙古兴和察尔湖国家湿地公园
内蒙古磴口奈伦湖国家湿地公园

4. 辽宁省（7 处）
辽宁葫芦岛龙兴国家湿地公园
辽宁北镇新立湖国家湿地公园
辽宁凤城草河国家湿地公园
辽宁凌源青龙河国家湿地公园
辽宁盘山绕阳湾国家湿地公园
辽宁昌图辽河国家湿地公园
辽宁康平辽河国家湿地公园

5. 黑龙江省（9 处）
黑龙江呼兰河口国家湿地公园
黑龙江尚志蚂蚁河国家湿地公园
黑龙江富裕龙安桥国家湿地公园
黑龙江绥滨月牙湖国家湿地公园
黑龙江北安乌裕尔河国家湿地公园
黑龙江哈尔滨阿勒锦岛国家湿地公园
黑龙江牡丹江沿江国家湿地公园
黑龙江西安区海浪河国家湿地公园
黑龙江方正湖国家湿地公园

6. 江苏省（3 处）
江苏沛县安国湖国家湿地公园
江苏建湖九龙口国家湿地公园
江苏淮安白马湖国家湿地公园

7. 安徽省（7 处）
安徽安庆菜子湖国家湿地公园
安徽桐城嬉子湖国家湿地公园
安徽界首两湾国家湿地公园
安徽阜南王家坝国家湿地公园
安徽利辛西淝河国家湿地公园
安徽肥西三河国家湿地公园
安徽休宁横江国家湿地公园

8. 福建省（2 处）
福建永春桃溪国家湿地公园
福建武平中山河国家湿地公园

9. 江西省（5 处）
江西高安锦江国家湿地公园
江西寻乌东江源国家湿地公园
江西石城赣江源国家湿地公园
江西资溪九龙湖国家湿地公园
江西横峰岑港河国家湿地公园

10. 山东省（9 处）
山东威海五垒岛湾国家湿地公园
山东滨州秦皇河国家湿地公园
山东东平滨湖国家湿地公园
山东日照两城河口国家湿地公园
山东莱芜雪野湖国家湿地公园
山东钢城大汶河国家湿地公园
山东聊城东昌湖国家湿地公园
山东垦利天宁湖国家湿地公园
山东德州减河国家湿地公园

11. 河南省（4 处）
河南襄城北汝河国家湿地公园
河南光山龙山湖国家湿地公园
河南新县香山湖国家湿地公园
河南伊川伊河国家湿地公园

12. 湖北省（7 处）
湖北孝感老观湖国家湿地公园
湖北英山张家嘴国家湿地公园

湖北云梦涢水国家湿地公园
湖北夷陵圈椅淌国家湿地公园
湖北天门张家湖国家湿地公园
湖北荆州菱角湖国家湿地公园
湖北石首三菱湖国家湿地公园

13. 湖南省（11 处）
湖南安仁永乐江国家湿地公园
湖南赫山来仪湖国家湿地公园
湖南郴州西河国家湿地公园
湖南新宁夫夷江国家湿地公园
湖南金洞猛江河国家湿地公园
湖南宁远九嶷河国家湿地公园
湖南通道玉带河国家湿地公园
湖南浏阳河国家湿地公园
湖南涟源湄峰湖国家湿地公园
湖南云溪白泥湖国家湿地公园
湖南保靖西水国家湿地公园

14. 广东省（4 处）
广东麻涌华阳湖国家湿地公园
广东中山翠亨国家湿地公园
广东罗定金银湖国家湿地公园
广东翁源瀚江源国家湿地公园

15. 广西壮族自治区（4 处）
广西龙胜龙脊梯田国家湿地公园
广西南丹拉希国家湿地公园
广西梧州苍海国家湿地公园
广西南宁大王滩国家湿地公园

16. 重庆市（2 处）
重庆梁平双桂湖国家湿地公园
重庆武隆芙蓉湖国家湿地公园

17. 四川省（5 处）
四川广安白云湖国家湿地公园
四川纳溪凤凰湖国家湿地公园
四川雷波马湖国家湿地公园
四川白玉拉龙措国家湿地公园
四川绵阳三江湖国家湿地公园

18. 贵州省（6 处）
贵州从江加榜梯田国家湿地公园
贵州惠水鱼梁河国家湿地公园
贵州平塘国家湿地公园
贵州福泉岔河国家湿地公园
贵州务川洪渡河国家湿地公园
贵州清镇红枫湖国家湿地公园

19. 云南省（1 处）
云南玉溪抚仙湖国家湿地公园

20. 西藏自治区（4 处）
西藏琼结琼果河国家湿地公园
西藏比如娜若国家湿地公园
西藏曲松下洛国家湿地公园
西藏卓玛朗措国家湿地公园

21. 陕西省（5 处）
陕西潼关黄河国家湿地公园
陕西宜君福地湖国家湿地公园
陕西临渭沋河国家湿地公园
陕西汉中葱滩国家湿地公园
陕西平利古仙湖国家湿地公园

22. 甘肃省（3 处）
甘肃金塔北海子国家湿地公园
甘肃金川金水湖国家湿地公园
甘肃永昌北海子国家湿地公园

23. 青海省（4 处）
青海泽库泽曲国家湿地公园
青海班玛玛可河国家湿地公园
青海曲麻莱德曲源国家湿地公园
青海乐都大地湾国家湿地公园

24. 宁夏回族自治区（1 处）
宁夏中卫香山湖国家湿地公园

25. 新疆维吾尔自治区（9 处）
新疆巴楚邦克尔国家湿地公园
新疆尉犁罗布淖尔国家湿地公园
新疆和硕塔什汗国家湿地公园
新疆呼图壁大海子国家湿地公园

新疆天山阿合牙孜国家湿地公园

新疆温泉博尔塔拉河国家湿地公园

新疆天山北坡头屯河国家湿地公园

新疆哈巴河阿克齐国家湿地公园

新疆阿合奇托什干河国家湿地公园

26. 内蒙古大兴安岭林业管理局（3 处）

内蒙古阿尔山哈拉哈河国家湿地公园

内蒙古卡鲁奔国家湿地公园

内蒙古库都尔河国家湿地公园

27. 黑龙江森林工业总局（2 处）

黑龙江绥阳国家湿地公园

黑龙江东京城镜泊湖源头国家湿地

公园

三、2015年新增林业系统国家级自然保护区（23处）

1. 山西省（1 处）

灵空山国家级自然保护区

2. 内蒙古自治区（2 处）

罕山国家级自然保护区

青山国家级自然保护区

3. 吉林省（2 处）

白山原麝国家级自然保护区

四平山门中生代火山国家级自然保护区

4. 黑龙江省（3 处）

中央站黑嘴松鸡国家级自然保护区

茅兰沟国家级自然保护区

明水国家级自然保护区

5. 湖北省（1 处）

十八里长峡国家级自然保护区

6. 湖南省（3 处）

西洞庭湖国家级自然保护区

九嶷山国家级自然保护区

金童山国家级自然保护区

7. 广西壮族自治区（3 处）

邦亮长臂猿国家级自然保护区

恩城国家级自然保护区

元宝山国家级自然保护区

8. 四川省（1 处）

栗子坪国家级自然保护区

9. 云南省（1 处）

乌蒙山国家级自然保护区

10. 陕西省（2 处）

老县城国家级自然保护区

观音山国家级自然保护区

11. 甘肃省（1 处）

黄河首曲国家级自然保护区

12. 青海省（1 处）

大通北川河源区国家级自然保护区

13. 宁夏回族自治区（1 处）

火石寨丹霞地貌国家级自然保护区

14. 新疆维吾尔自治区（1 处）

布尔根河狸国家级自然保护区

四、2015年新增国家沙漠公园（22处）

1. 山西省（6处）
   山西大同西坪国家沙漠公园
   山西天镇边城国家沙漠公园
   山西左云管家堡国家沙漠公园
   山西怀仁金沙滩国家沙漠公园
   山西朔城区麻家梁国家沙漠公园
   山西右玉黄沙洼国家沙漠公园
2. 辽宁省（2处）
   辽宁康平金沙滩国家沙漠公园
   辽宁彰武大清沟国家沙漠公园
3. 陕西省（1处）
   陕西定边马莲滩国家沙漠公园
4. 青海省（4处）
   青海海晏克土国家沙漠公园

青海曲麻莱通天河国家沙漠公园
青海乌兰泉水湾国家沙漠公园
青海泽库和日国家沙漠公园

5. 甘肃省（5处）
   甘肃高台骆驼驿国家沙漠公园
   甘肃金昌国家沙漠公园
   甘肃金塔拦河湾国家沙漠公园
   甘肃民勤沙井子国家沙漠公园
   甘肃玉门青山国家沙漠公园
6. 新疆维吾尔自治区（4处）
   新疆库车龟兹国家沙漠公园
   新疆麦盖提国家沙漠公园
   新疆莎车喀尔苏国家沙漠公园
   新疆岳普湖达瓦昆国家沙漠公园

五、2015年中国森林旅游大事记

1月

5日，2015年全国林业厅局长会议在北京举行。

6日，国家林业局同意依托福建农林大学组建森林公园工程技术研究中心。

15~16日，2015年全国旅游工作会议在江西南昌召开。

16日，第二届云南省国家公园专家委员会经云南省政府批准成立。

3月

17日，中共中央、国务院印发了《国有林场改革方案》和《国有林区改革指导意见》（中发〔2015〕6号）。

4 月

14 日,《森林与人类》杂志发起"寻找中国森林氧吧"活动。

21 日,国家林业局森林旅游工作领导小组办公室、国家林业局森林公园管理办公室下发《关于做好 2015 年森林旅游安全管理工作的通知》(林园旅字〔2015〕2 号)。

28 日,2015 中国(温州)森林旅游节在温州市文成县铜铃山国家森林公园开幕。

30 日,国家林业局以林函场字〔2015〕49 号文同意武汉市承办 2015 年中国森林旅游节。

5 月

15 日,国家林业局森林公园管理办公室开展森林风景资源调查与评价工作,并以四川省作为试点省份加以推进。

6 月

11 日,国家林业局发布国家沙漠公园专用标志及《中国国家沙漠公园视觉形象识别系统手册》。

11~13 日,中国林学会森林公园分会 2015 年年会暨中国(四川)首届生态旅游博览会在四川省江油市举办。

7 月

13~15 日,2015 中国森林旅游节预备会在湖北省武汉市召开。

24 日,国家林业局办公室印发《关于举办 2015 中国森林旅游节的通知》(办场字〔2015〕127 号)。

8 月

26 日,国家林业局就 2015 年中国森林旅游节在北京举行新闻发布会。

10 月

10 日,2015 中国森林旅游节在武汉国际博览中心隆重开幕。

10~12 日,2015 中国森林旅游节期间举办了四个高规格论坛。

13~14 日，国家林业局对外合作中心在四川成都举办全国森林疗养国际理念推广会。

11 月

3~4 日，2015 中韩林业工作组会议在四川举办。

12 月

1~3 日，2015 全国森林公园和森林旅游工作座谈会暨国家森林公园主任培训班在江苏游子山国家森林公园举行。

22 日，国家林业局批复同意山西右玉黄沙洼等 22 个国家沙漠公园开展试点工作。

六、2015 年森林公园十件大事

1. 2015 年国家级森林公园负责人交流挂职工作启动

为促进国家级森林公园相互学习交流，提升国家级森林公园负责人理论实践水平，强化国家级森林公园的能力建设，4 月 15 日，中国林学会森林公园分会印发《国家级森林公园负责人交流挂职管理办法（试行）》，国家级森林公园负责人交流挂职工作正式启动。

国家级森林公园负责人交流挂职采取互换的方式，即交流挂职基地之间互换挂职人员，挂职期限分为 3 个月、6 个月、12 个月。2015 年确定的第一批"国家级森林公园负责人交流挂职基地" 12 个，选派国家级森林公园负责人交流挂职人员 11 人。

从 2016 年起，对于交流挂职地点的申报和确定，将分别在每年 1 月和 3 月 15 日前完成；对于交流挂职人员的申报和确定，将分别于每年 3 月和 4 月底前完成。

2.《国家级森林公园总体规划审批管理办法》印发

5 月 4 日，国家林业局印发《国家级森林公园总体规划审批管理办法》（以下简称《办法》）。《办法》共 5 章 21 条，对国家级森林公园总体规划的上报、审批、实施监督做出具体规定，同时明确了国家级森林公园总体规划的编写内容和要求。

3．第六批中国国家森林公园专用标志使用授权名单公布

6月8日，国家林业局下发通知，公布了第六批获得中国国家森林公园专用标志使用授权的国家级森林公园名单，同意授权内蒙古敕勒川、吉林兰家大峡谷、黑龙江大庆、湖北大老岭、甘肃松鸣岩等49处国家级森林公园使用中国国家森林公园专用标志。至此，获得中国国家森林公园专用标志使用授权的国家级森林公园已达667处。

4．新建39处国家级森林公园

1月和12月，国家林业局先后做出行政许可决定，准予设立内蒙古敕勒川等39处国家级森林公园。

5．新建11处国家生态公园

1月27日和12月29日，国家林业局先后复函相关省级林业部门，同意建设内蒙古鄂尔多斯等11处国家生态公园（试点）。至此，国家生态公园（试点）总数达14处。

国家林业局要求将国家生态公园纳入森林公园体系管理，督促各试点单位抓紧完成国家生态公园总体规划的编制、评审和报批，由地方人民政府批复后分别报省厅（局）和国家林业局备案。同时要求，国家生态公园规划要立足林业生态修复成果的巩固与提升，符合资源保护培育、科普教育展示、公众休闲娱乐等不同功能需求，明确具体的试点目标任务。国家生态公园建设要严格执行国家生态公园总体规划，突出社会公益性，积极探索林业生态修复与生态产品供给、公益性开放与市场化运营的新模式、新机制，使国家生态公园真正成为建设美丽中国、拓展生态空间、共享生态成果的典范。

6．举办首期国家级森林公园解说员培训班

11月21~26日，首期国家级森林公园解说员培训班在湖南长沙举办。

本次培训班由中南林业科技大学旅游学院承办，共有来自两岸三地5所高校、47个国家级森林公园、4个省级林业部门森林公园主管处（室）的相关人员参加。培训班课程内容分为理论篇、设计篇、实践篇和经验篇四部分，包括环境解说的发展和内涵、森林公园解说系统设计和人员解说技巧、自然教育活动课程设计的课堂授课，大围山国家级森林公园解说系统的现场教学，以及香港湿地公园、北京八达岭国家森林公园环境解说和自然教育的经验介绍，并通过笔试和现场解说相结合的考核方式，使学员较为全面了解环境解说的基础理论，掌握了人员解说及自然教育活动设计和组织的原则和技巧。

7．召开2015年全国森林公园工作座谈会

12月1~2日，2015年全国森林公园工作座谈会在江苏省南京市高淳区召开。

会议系统回顾了全国森林公园森林旅游"十二五"工作成效，提出了"十三五"发展思路及2016年重点工作。会议要求，各省结合实际工作总结"十二五"工作成效，查找差距，分析当前形势，谋划好"十三五"工作，推进

森林公园建设与森林旅游发展。

8. 新建 3 处国家林木（花卉）公园

12 月 29 日，国家林业局复函相关省级林业部门，同意建设安徽芜湖丫山等 3 处国家林木（花卉）公园。至此，国家林木（花卉）公园总数达 8 处。

国家林业局要求将国家林木（花卉）公园纳入森林公园体系管理，督促各建设单位在 18 个月内编制完成总体规划，由地方人民政府组织评审并批复后分别报省厅和国家林业局备案。同时要求，国家林木（花卉）公园总体规划应以林木（花卉）种质资源的保护、培育和应用为宗旨，满足资源保育、科研研发、生产经营、观光休闲等功能需求。国家林木（花卉）公园建设要严格执行国家林木（花卉）公园总体规划，强化科学研究，拓展生产应用，丰富文化内涵，创新公共服务，使之真正成为生态、社会、经济效益兼具，综合效益突出的国家级园区。

9. 首批撤销 3 处国家级森林公园

12 月 29 日，国家林业局分别做出行政许可决定，撤销福建龙湖山、广东东海岛、河北石佛共 3 处国家级森林公园。此举标志着国家级森林公园淘汰退出机制正式启动。

行政许可决定书指出，这 3 处国家级森林公园长期未按规定编制或修编国家级森林公园总体规划，且经责令整改仍达不到要求，造成国家级森林公园主体功能无法发挥，未履行国家禁止开发区域保护管理职责，根据《国家级森林公园管理办法》第三十二条的规定予以撤销。

10. 印发《全国城郊森林公园发展规划》

12 月 31 日，国家林业局印发《全国城郊森林公园发展规划(2016–2025 年)》（以下简称《规划》）。《规划》从发展城郊森林公园的必要性、我国城郊森林公园发展成效和挑战、城郊森林公园发展的总体思路、发展布局、主要建设内容和保障措施共 6 个方面进行了编制。城郊森林公园是森林公园的重要组成部分，是新型城镇化建设的重要基础设施，是宜居城市建设、提升百姓福祉的重要需求，也是弘扬生态文化、全方位发挥森林生态功能、提升民众森林文化素养、推进生态文明建设的重要载体。

后　记

　　《2015中国森林等自然资源旅游发展报告》是在国家林业局的直接领导下，国家林业局森林公园保护与发展中心（国家林业局森林旅游工作领导小组办公室）和国家林业局调查规划设计院负责组织和编写，相关司局、直属单位、北京林业大学参加了这项工作，是集体劳动的成果。

　　鉴于本报告涉及的内容广、资料信息收集难度大，不足之处在所难免，我们诚恳希望广大读者关心和支持我国森林等自然资源旅游发展情况，并能提供宝贵的意见。在此，诚挚地邀请热爱森林旅游的读者积极投身到森林旅游建设中来。

　　我们的联系方式如下。

　　地址：北京市东城区和平里东街18号

　　　　　国家林业局森林公园保护与发展中心

　　　　　国家林业局调查规划设计院

　　电话：010-84239459　　010-84238077

　　E-mail：ftour@forestry.gov.cn

编　者

2016年8月